こういう時に人は動く

影響力5つの原理

Adversaries into Allies

ボブ・バーグ　弓場隆 訳
Bob Burg

Discover
ディスカヴァー

はじめに
究極の成功法則を伝授しよう

あなたは成功するための資質をたくさん持ち合わせているかもしれない。たとえば、才能、野心、勤勉、努力、倹約、寛容、情熱がそうだ。さらに、数字に強く、ビジネスに適した頭脳を持ち、温厚な性格で、創造性に富むといった資質も備わっているかもしれない。

だが、それだけでは決定的なものが欠けている。

人を動かすことができなければ、人生のどの分野でも成功の見込みはごくかぎられたものになるのだ。

とはいえ、それは相手を心理操作して思いどおりにするという意味ではなく、善意を発揮して相手の人生を向上させながら、自分も満足を得るという意味である。

私はそれを「究極の影響力」と呼んでいる。つまり、相手を気分よくさせて好印象を持ってもらい、望んでいる結果を手に入れる能力のことだ。

本書では、日々のストレスを軽減して人生をより快適にし、より大きな恩恵を得るためにすぐに実行できる5つの原理について説明する。それを実践すれば、人々から好かれ、尊敬され、人を動かすことができる。

「強者とは、自分の感情をコントロールし、人を味方につける人のことだ」という格言がある。

つまり、自分の感情をコントロールして初めて本当の強さが身につき、人を動かすことができるということだ。その結果、真の強者となり、抜き差しならない状況を打開して全員に利益をもたらすことができるのである。

もちろん、人を味方につけるためには自分の感情をコントロールするだけでは不十分だが、それが必要条件になることは間違いない。

私たちの前には多かれ少なかれ、目的達成に立ちふさがる人が現れるだろう。しかし、私たちにとって、そういう人は人生の修行の一部であり、排除すべき邪悪な存在ではなく歓迎すべき貴重な存在なのだ。

日本の偉大なホームランバッター、王貞治は相手投手を「ホームランを打つためのパートナー」とみなしていたという。私もそれにならって、対立する相手を「成功を収めるためのパートナー」とみなすことにしている。実際、私たちはふだんの生活の中でそういう人を味方に変えることによって成功を収めることができる。

成功を収めるためのパートナーには多種多様な人々がいる。家族、友人、上司、同僚、部下、雇い主、従業員、営業部員、販売員、見込み客、顧客、チームメートがそうだ。**人々は扱いづらく、ときには敵対的な態度をとることもある。だが、そんなときこそ、双方の利益になる解決策を見いださなければならない。**また、やっかいな人を敵に回さないように配慮することも重要だ。いずれにしろ、本書ではさまざまな状況を打開するための効果的な方法を紹介している。

本書が交渉術の本だと思っている人もいるかもしれない。なるほど、人生におけるすべてのことがなんらかの交渉を必要とするという意味ではそのとおりだ。したがって、本書は通常の意味での交渉術の本ではないが、相手とさまざまなかかわりを持つ中で役立つアドバイスを満載している。

私が販売術を指導してきたことから、「これは販売術の本だ」と思う人もいるだろう。

たしかに一部の具体例は販売に関するものだが、これは販売術の本ではない。とはいえ、私たちはいつも誰かにアイデアを売り込んでいるともいえる。たとえば、どの映画を観るかを友人と相談する、見込み客に商品を勧める、無愛想な接客係によいサービスを提供してくれるよう働きかける、といったことだ。しかし、本書はそれがすべてではない。

では、本書は何についての本なのか。

本書は成功に不可欠な技術を完全習得するための本である。それは「人間関係」だ。実際、これこそが「凡人」と「偉大な成功者」を分ける決定的要因である。

もちろん、人間関係がぎくしゃくしているのに経済的成功を収めている人もいる。しかし、彼らはそういう不利な状況でも、かろうじて成果を上げたにすぎない。実際、彼らの多くにとって、個人的な人間関係は悲惨である。たまたますぐれた資質を持ち合わせていたので、なんとか経済的に成功したというのが真相だ。そういう人は少数派ではあるが、たしかに存在する。

一方、大多数の人は、仕事だけでなく人生の全分野で成功するために円満な人間関係を必要としている。

私が見たところ、人生の成功は1割が専門技術で、9割が人間関係である。

たしかに専門技術はたいへん重要だ。実際、才能や能力は成功を収めるうえで大きな役割を果たす。しかし、それはあくまでも土台であり、ようやく出発点に立てたという程度だ。非凡な才能の持ち主であるにもかかわらず、人を動かす技術を身につけていないために平凡な結果しか出せていない人は大勢いる。

人を動かす技術を身につければ、仕事であれプライベートであれ、相手にうまく働きかけて大きな成果を上げることができる。

すでにこの技術を会得しているなら、本書で紹介する原理を応用するだけで、今よりもっとうまく人を動かすことができるだろう。しかし、まだこの技術を会得していないなら、本書を楽しみながら読んで貴重な情報を得ることができる。

あなたにとって、本書は公私にわたる新しい世界の幕開けとなるだろう。どの原理も単純明快であることに気づくはずだ。だが、それだけではない。人を動かす技術はたいへん実行しやすいのである。しかも、それがとても楽しいと感じるに違いない。

では、さっそくはじめよう。

ボブ・バーグ

こういう時に人は動く　もくじ

はじめに　究極の成功法則を伝授しよう　1

プロローグ　影響力5つの原理　13

第1の原理　自分の感情をコントロールする

1　感情的にならない　32
2　「反応」するな、「対応」せよ　34
3　言葉の攻撃にうまく対応する秘訣　37
4　心の初期設定をリセットする　42
5　短気な性格を直す7つのステップ　46

6 一瞬考えてから口を開く 52
7 説得の限界を感じたら議論を打ち切る 56
8 情報の発信者を見極める 58

第2の原理 お互いの信念の違いを理解する

9 信念と真実の違いを意識する 62
10 まず相手を理解し、次に自分を理解してもらう 66
11 自分と相手の信念が衝突していることに気づく 68
12 相手の振る舞いを好意的に解釈する 70
13 憶測をまじえて答えない 75
14 相手のものの見方を学ぶ 77
15 自分の信念を柔軟にコントロールする 80

第3の原理 相手のプライドを尊重する

16 相手のプライドを尊重する 82
17 相手に恥をかかせない 84
18 相手に勝とうとしない 90
19 まず「そうですね」と同意する 92
20 相手を「重要な人」として扱う 96
21 手書きの感謝状を出す 102
22 人前で相手をほめる 104
23 反論するときは相手への敬意を忘れない 106
24 利害関係のない人にこそ丁寧に接する 109
25 よい振る舞いはすかさず称賛する 111
26 「ありがとう」だけでなく、気の利いた短い言葉を添える 113

第4の原理 適切な雰囲気をつくる

27 笑顔で相手の協力を引き出す 116
28 自分が緊張していることを知らせる 122
29 「あなたの意見に賛成だ」と言ってから自分の意見を伝える 125
30 自分ではなく相手の利益を優先しているという姿勢を見せる 129
31 敵対的な相手には「どうすれば力になれるか？」とたずねる 131
32 相手の言い分をまず認める 133

第5の原理 共感を示して気配りを心がける

33 いやなことを言われたら視点を変える 138
34 プライドを傷つけないように叱る 140

35 「同情」ではなく「共感」せよ 145
36 前置きの言葉でやわらげてからアドバイスする 148
37 批判者を称賛して攻撃をかわす 151
38 ライバルを称賛して見込み客に好印象を与える 155
39 交渉の最中でも相手への気配りを忘れない 157
40 相手のために逃げ道をつくっておく 159
41 丁寧で上手な断り方を覚える 165
42 信用できない相手には気配りしながら距離をおく 168
43 相手の話に耳を傾ける 171
44 人の話をさえぎらない、自分の話をさえぎらせない 173
45 自分から友好的な姿勢を見せる 177
46 「自分は正しい」と断定せず、控えめに表現する 180
47 相手の都合を見計らって話しかける 183
48 支払いの督促にも気配りを忘れない 188
49 怒らせた相手には誠意を込めて謝罪する 193

50 相手の気持ちを汲み取る 195
51 相手との共通点を見つけて、さりげなくアピールする 198
52 不機嫌な相手には、気分をやわらげるような態度でアプローチする 201
53 相手に配慮しながら交渉する 205

エピローグ 人格を磨く

54 人を励まして自信を与える 210
55 自分の弱みを無視せず、克服する 213
56 自分より有能な人を集めて強いチームをつくる 216
57 一貫性を持ってつねに最善を尽くす 218
58 自分の間違いを認める 220
おわりに 自分のやり方を絶えず修正しよう 221

影響力5つの原理

プロローグ

どのような人間関係においても、相手が特定の行動をとるようにうまく働きかけるためには、次の5つの原理を理解しておく必要がある。

1　自分の感情をコントロールする
2　お互いの信念の違いを理解する
3　相手のプライドを尊重する
4　適切な雰囲気をつくる
5　共感を示して気配りを心がける

それぞれの原理を簡単に説明しよう。

第1の原理　自分の感情をコントロールする

人間は感情の生き物である。ほとんどの人は自分が論理的だと思っている――たしかに、ある程度はそうだ――が、私たちはたいがい感情にもとづいて行動している。

私たちは感情をもとに決定をくだし、感情的な決定を論理によって正当化しているにすぎない。正当化とは「合理的なウソ」をつくことという意味だ。つまり、たいていの場合、私たちは感情的に決定をくだし、自分に合理的なウソをついてそれを支持するのである。

しかし、感情にもとづいて自分を正当化すると、なかなか思うように人を動かすことができなくなる。

もちろん、感情をすべて排除して機械のようになれと言っているのではない。自分の感情を大切にすることには賛成だ。しかし、それに振り回されてはいけない。

たしかに、感情は素晴らしい人生に不可欠な要素のひとつだが、それをコントロールすることが重要だ。

自分の感情をうまくコントロールし、しかも相手の感情を大切にすれば、人を動かす力は飛躍的に伸びる。

第2の原理　お互いの信念の違いを理解する

どの人もしつけや環境、教育、マスメディア、交友関係の組み合わせにもとづく独自の世界観を持っている。その点については、あなたの目の前にいる人も同じだ。

しかも、その人は独自の信念体系（もののとらえ方、考え方）にもとづく世界観を持っているだけでなく、他のすべての人が自分と同じような世界観を持っていると思い込んでいる。だが、本人はそれにまったく気がついていない。

そこで、その人は自分の信念体系に照らし合わせて他人の言動を解釈する。じつは、私たちもそれと同じことをしているのだが、それを意識していないだけのことだ。

しかし、それに気づかないかぎり、いくら相手と話し合ってもお互いに理解することはできず、たいてい誤解が生じることになる。

だからといって、**必ずしも相手の信念体系を理解する必要はない。まず、相手の信念体系が自分の信念体系と大きく異なっているという事実を認識することからはじめよう。**

そうすることによって、あなたは不幸な思い違いを避け、相手の言動を個人攻撃とみなさず、相手と協調しながらやっていく方法を見つけることができる。

第3の原理　相手のプライドを尊重する

私たちはプライドを悪いことのように考えがちだ。自己愛の強い人の問題とみなしてしまうのだが、つまるところ、プライドとは自尊心のことにほかならない。どんな人でもプライドを持っているから、それを傷つけてしまったら、相手を味方につけることは難しい。

相手を味方につけることができるかどうかは、95パーセントの確率で相手のプライドをどれだけ尊重するかにかかっている。

プライドは私たちのすべての言動の根底にある。しかし、信念体系と同様、ふだんの生活の中でそれにまったく気づいていない可能性が高い。

だからといって、プライドは人間の本性のネガティブな部分にすぎないわけではない。それどころか、うまくコントロールすれば、個人の業績と社会の利益の両面で大いに役立てることができる。

ただし、プライドはとてもデリケートだから、相手の賛同を求めるなら、相手のプライドに最大限の注意を払わなければならない。

第4の原理　適切な雰囲気をつくる

店の中で買い物をしていて、客がレジ係に「なんだ、これは！　店長を呼べ」と怒鳴っている現場に出くわしたとしよう。

まもなく店長が現れる。落ち着いているように見えるが、これから戦う準備をしている様子がありありとうかがえる。「これは当店の方針です」と繰り返すつもりだ。

では、今度は雰囲気を変えてみよう。客はイライラを抑え、レジ係に「お忙しいところすみませんが、店長とお話をさせてもらえないでしょうか。もしよければ、店長のお名前を教えてほしいのですが」と静かな声で言っている。

まもなく店長が現れる。たいへん上品な客だと聞かされていたので、店長は落ち着いている。これから建設的な話し合いをするつもりだ。

客は優しい笑みを浮かべながら、「店長のジョーンズさんですね。私はパット・トーマスです。お時間をとっていただき、たいへんありがとうございます」と言う。

店長はすっかり感動して、どうすればこの上品な客に喜んでもらえるかを考えている。

これが適切な雰囲気づくりの例だ。どちらのパターンも世界中で無数に起きているが、前者のほうが後者よりもはるかに多く起きているのが現状だ。

両者の最大の違いは雰囲気づくりである。前者では双方がお互いに戦闘モードに入っているが、後者では客が友好的な雰囲気をつくり、店長もその影響を受けて友好的な雰囲気を醸し出している。どちらがよりよい結果をもたらすだろうか。

あらゆる人間関係で、どちらが主導権を握って雰囲気をつくるかが問題になる。もし相手に主導権を握られたら、相手が適切な雰囲気をつくってくれることに賭けるしかない。しかし、**もしあなたが主導権を握るなら、積極的に適切な雰囲気をつくって建設的な話し合いをはじめることができる。**

適切な雰囲気をつくることは、人を動かす達人になるための重要なステップである。

第5の原理　共感を示して気配りを心がける

気配りとは、相手の抵抗をやわらげて考えを受け入れやすくするような方法で何かを言う能力のことだ。これは大きな力を持っている。ほとんどの人は相手のプライドを傷つけて反感を抱かせてしまいがちだが、共感を示して気配りを心がければ、相手はあなたの提案を素直に受け入れて、それにもとづいて行動してくれる可能性が高くなる。

レストランで出された料理に注文をつける場合を例にとって考えてみよう。

ステーキが生焼けであることに大声で文句を言い、怒鳴りながらやり直しを要求するよりも、笑みを浮かべて給仕係を呼び、「素晴らしい料理でとても満足していますが、肉の焼き方が少し足りないような気がします。シェフに私が料理を気に入っていることを伝えて、肉をもう少し焼いてもらえるかどうかたずねてもらえませんか？」と丁寧な口調で言うほうがよほど効果的だ。

同じことでも適切な伝え方をすれば、魔法のような結果をもたらす。嬉しいことに、気配りの利いた言い方をこれから本書で学ぶことができる。これは人を動かす人になるために不可欠な技術である。

以上が本書のエッセンスとなる5つの原理である。自分の感情をコントロールし、お互いの信念の違いを理解し、相手のプライドを尊重し、適切な雰囲気をつくり、共感を示して気配りを心がけることによって、あなたは公私ともに目的を達成することができる。さらに、相手の気分をよくすることができるから、双方が恩恵を得る結果になる。

本書では、人を動かす達人になるための5つの原理をさまざまな角度から詳しく説明し、よくある落とし穴を避ける方法や現実社会での具体例をたくさん紹介する。

あなたは本書を読んでいて、各項目が相互に関連していることに気づくはずだ。実際、ふだんの生活で遭遇する多くの問題を解決するカギは、5つの原理の中から複数の原理を組み合わせることである。

5つの原理を詳しく分析したあとで、人を動かす達人をつくる究極の要素である人格に焦点を当ててみよう。**人を動かすためには言動が重要であることは言うまでもないが、最終的には人格が決め手になることを心に留めておいてほしい。**

「心理操作」ではなく「説得」をせよ

人を動かすという言い方をすると、まるで相手を心理操作するように聞こえて不快感を抱くかもしれない。

私はよく「説得と心理操作の違いをわかりやすく言うとどうなりますか?」とたずねられる。「結局、説得と心理操作は同じではありませんか?」と聞いてくる人もいる。

どちらもいい質問だ。たしかに、説得と心理操作は似た部分がある。相手を動かして特定の行動をとらせようとするからだ。

しかし、はっきり言おう。説得は善で、心理操作は悪である。

善意を持って相手を動かそうとするのならいいが、悪意を持って相手を動かそうとするならどうだろうか。相手に損をさせたり危害をおよぼしたりしてもかまわないと思っているなら、それは邪悪なことだ。

説得も心理操作も人間の行動原理にもとづいている。説得をする人と心理操作をする人はその原理をよく理解し、どうすればそれを効果的に活用できるかを熟知している。それだけに心理操作の達人ほど危険なものはない。

たしかに、説得と心理操作の原理は似ているし、ときにはまったく同じですらある。しかし、現実にはその結果は正反対だ。

説得と心理操作の意図と結果の違いについて、心理学者のポール・スウェッツ博士はこう説明している。

「心理操作は協力ではなく支配をめざしている。それは、自分が勝って相手が負ける状況をつくり出す。なぜなら、相手の利益をまったく考慮していないからだ。説得はそれと正反対である。心理操作をする人と違い、説得をする人は相手の自尊心を高めるように配慮するから、人々は喜んで動いてくれる」

言い換えると、説得が相手の役に立つことをめざしているのに対し、心理操作は相手を傷つけることをめざしている。意図的にそうしようとしているとはかぎらないが、心理操作をする人が自分の利益だけにもとづいて行動していることはたしかだ。だから、もし相手がそのために苦しむはめになっても意に介しない。

心理操作をする人が気づいていないのは、それが人生の習慣としてよくないだけでなく、ビジネスの習慣としてもよくないということだ。

心理操作をする人は、従業員を雇っていてもチームをつくることができない。顧客を持っていても人間関係を維持できないし、他の人たちに紹介してもらえない。心理操作をしていることがばれたら、顧客はすぐに去っていく。

家族や友人を持っていても、幸せで充実感が得られる永続的な関係をつくることはできない。その結果、やがて疑念と反感に満ちた関係に陥ってしまう。

説得をする人も心理操作をする人も人間の動機を熟知していて、相手を動かすためにその知識を活用する。

しかし、両者の決定的な違いは、心理操作をする人が自分の利益のためだけに知識を活用するのに対し、説得をする人は双方の利益を考慮して知識を活用することである。

では、心理操作をする人をどうやって見抜けばいいか。また、自分もそれと同じことを無意識のうちにしないようにするにはどうすればいいか。

心理操作と説得が同様の原理にもとづいているとはいえ、心理操作をする人は、説得をする人が絶対にしないことをよくする。それをぜひ知っておくといい。

心理操作をする人は、相手を服従させるためにネガティブな感情を利用する。言い換えると、もし相手が依頼を受け入れようとしないなら、罪悪感や劣等感、不安感、不快感などを抱かせて自分の意志に従わせようとするということである。つまり、ネガティブな感情を抱かせて脅しをかけ、言いなりになるように誘導するのだ。

では、誰かがあなたを心理操作しようとしていることをどうしたら見抜けるか。それはとても簡単である。

1　先に述べたネガティブな感情のどれかを感じる。
2　自発的にしたくないことをするように頼まれる。

朗報を紹介しよう。あなたは自由意志を持っているから、相手の不当な依頼を拒否することができるのだ。

どんな人と接するときも、自分の身に何が起きるかを予想しよう。そして、もしこれからしようとしていることになんとなく抵抗を感じていることに気づいたら、その理由を自分に問いかけるといい。おのずと答えがわかるはずだ。

その結果、「ノー」と言わなければならないと判断したら、相手に気配りをしながら断ろう。「ノー」と言うべきなのに「イエス」と言ってしまう習慣があるなら、これをきっかけにうまく断る方法を覚えるといい。


人を動かす達人になるためには、つねに自分の動機を検証して説得と心理操作の違いを意識しなければならない。

私たちはともすると、甚だしい心理操作でも「無害だ」とか「相手のためだ」という理由で正当化したくなることがある。どうしても目的を達成したいときは相手を心理操作しがちだから、自分を正当化するためのウソをついていることに気づきにくい。

しかし、人を動かす達人はそのことをつねに意識している。あなたもそれを見習い、相手の利益に反することをさせようとしていないか自分に問いかける必要がある。

繰り返すが、説得は善であり、心理操作は悪である。私たちが誰かに心理操作されたくないのと同様、私たちも――たとえ無意識的でも――誰かを心理操作しないように気をつけなければならない。

説得の目的は、双方の利益になることを相手にさせることである。しかし、たとえ最悪の場合でも、自分の目的を達成する一方で相手が被害をこうむらないように配慮しなければならない。

いずれにしろ、相手が気分よくなるのを手伝うことがつねに正しい方針である。

人を動かす達人になるための条件のひとつは、自分が自発的にしたくないことを相手に押しつけないように気をつけることである。

「いい人」であるだけでは人は動かせない

いい人はいつも損をするだろうか。必ずしもそうではない。
いい人はいつも得をするだろうか。必ずしもそうではない。

人を動かすうえで、いい人であることはたしかに有利である。実際、誰しも、いやな人よりはいい人と友達になりたいし、いっしょに仕事をしたいものだ。だが、いい人であるだけでは、人生のほとんどの分野で成功することはできない。

たしかに、たいていの場合、円満な人間関係を持っている人はいい人だし、とても親切である(「いい人」と「親切な人」は必ずしも同義語ではない。都合のいいときだけいい人のように振る舞うことはできるが、そういう人は実際には親切な人ではない)。

しかし、たんにいい人であるだけでは人を動かすことはできない。誰の周りにも、とてもいい人なのに、とくに影響力があるわけでもなく、それほど成功していない人がいるはずだ。

どんな種類の成功であれ、正しいことを正しい方法でする必要がある。いい人であれば、いろいろと有利に働く面もあるだろうが、それだけでは不十分なのだ。

「私はたいへんいい人なので、すぐに利用されてしまう」と不平を言う人がよくいる。しかし、それは真実ではない。なぜなら、いい人であることと利用されることのあいだには相関関係がないからだ。

もしあなたがいい人で、よく利用されると感じているなら、重大な指摘をしよう。

人々があなたを利用するのは、あなたがいい人だからではなく、利用されるのを許可しているからだ。

本書を読めば、願望を実現する方法を学ぶことができる。あなたが「いい人」と「親切な人」の両方になり、しかも利用されない方法をこれから伝授しよう。

大切なのは、双方が得をしたと感じるようにすることだ。しかも、あなたは相手の自発的で友好的な協力によって願望を実現することができる。

人を動かす達人は自分の目的を達成すると同時に、相手の気分をよくすることがとてもうまい。しかも、そうすることで自分の有利なように相手を動かすことができるのだ。

ではここから、5つの原理のそれぞれについてくわしく見ていこう。

第1の原理

自分の感情をコントロールする

1 感情的にならない

駐車場にはゆったり車を停められる十分なスペースがあった。ところが、私は急いでいて周囲をよく見ていなかったため、停めてあった車から男性が出てくるのに気づかなかった。私は急ブレーキを踏んだので、男性を驚かせてしまった。その瞬間、男性は「気をつけろ」と言わんばかりに私をにらみつけた。

当然のことながら、男性は感情的に反応したのだ。そのとき、私には2つの選択肢があった。自分も同じように感情的に反応して応酬するか、理性的に対応して不愉快な状況を克服し、相手を味方に変えるか、である。

私は理性的に対応することを選んだ。そして、すぐに手を振り、ほほえみながら「すみません」という口ぶりをした。

すると男性はすぐに同じように笑顔を見せて手を振り、「大丈夫です」という口ぶりをした。私が車を降りて近づくと、男性は「こちらこそすみません。車を降りるときにもっとよく周囲を見るべきでした」と言ったのである。

衝撃的だった。私はいまだにこのできごとを忘れることができない。特殊なことだからではなく、たいへんよくありがちなことだからだ。一大事に発展しかねない状況でも、小さなできごとにとどめることがいかに簡単かを思い起こさせてくれたできごとだった。

どの状況も千差万別だが、基本的な原理はまったく同じだ。**自分の感情をコントロールし、感情的に反応するのではなく理性的に対応すれば、ほとんどの人間関係を好転させることができるのである。**

人を動かす達人になろうとするなら、自分の感情をコントロールすることがつねに何よりも先だ。

自制心を発揮してセルフコントロールすれば、あらゆるやりとりで成功を収める準備を整えることができる。このことをよく覚えておこう。

2

「反応」するな、「対応」せよ

どんな人と向き合うときでも、同じ選択に何度も直面することになる。すなわち、自分の身に起きていることに理性的に対応するか、感情的に反応するか、である。

「対応」と「反応」は似ているようだが、この2つの違いは歴然としている。弱者は感情に振り回され、強者は感情をコントロールする。

このセルフコントロールはあなたの業績だけでなく人間的成長に大きな意味を持つ。自分をつねにコントロールできるという自信は、あなたの人格の基盤になるからだ。

感情的に反応すれば、状況にコントロールされる。一方、理性的に対応すれば、自分をコントロールすることができる。

つまり、人間は自分の支配者なのだ。あなたは自分を支配して初めて、不利な状況を関係者全員にとって有利な状況に変えることができる。

短期的には、どんなに困難な状況でも対応が可能であることを自覚して気持ちを落ち着かせることができる。

長期的には、困難な状況を次々と克服して順調に成果を上げてきたことに誇りを持つことができる。

ただし、これはまったくしくじらないという意味ではない。しかし、もしそういう事態になっても、その理由を把握して軌道修正をすることができる。

では、どうすれば理性的に対応できるようになるのだろうか。それは他のあらゆる技術を身につけるのと同じ方法である。まず、そういう習慣を身につけるという目標を掲げることだ。次に、そのための具体的な計画を練る必要がある。その方法を紹介しよう。

1　感情的な反応ではなく理性的な対応をすべき状況を想像し、自分がそれを完璧に実行している様子をイメージする。フライトのシミュレーションをしている宇宙飛行士のように、これは素晴らしい練習になる。
2　付箋紙に「感情的な反応ではなく理性的な対応を心がけろ」と書いて、電話やパソコン、浴室の鏡などの身近な場所に貼っておく。
3　困難な状況に理性的に対応する練習をし、自分に打ち勝ったことを祝福する。どんなに小さな成功でも、将来の同様の状況での成功に役立つことを覚えておこう。

4　1日の終わりに自分を10段階で評価する。たとえ自己評価が低くても落胆せず、それが日に日に高まっていくことに喜びを感じよう。

とはいえ、以上の方法を永久に実行しつづける必要はない。ある程度まで習熟すれば十分である。そのあとは、そういう意識を持つだけでいい。

私を含めて多くの人にとって、これはずっと気をつけなければならないことだ。しかし、そうするだけの価値は十分にある。

3
言葉の攻撃にうまく対応する秘訣

受話器を手にした瞬間、相手から罵声を浴びせられる。これはあなたが言葉による攻撃を受けているということだ。相手は知人かもしれないし、顧客かもしれない。いずれにしろ、あなたは日ごろそれを上手に処理していない可能性がある。

なぜなら、相手と同じような毒々しい言い方で反撃するか、あるいは相手の言葉を甘んじて受け入れて、なんとかその場を切り抜けたように感じているからだ。

たとえ人を味方につける技術を習得しつつあっても、言葉による攻撃に対しては取り乱してしまいやすい。

では、どうすれば、相手の言葉による攻撃にうまく対処し、状況を逆転させることができるのだろうか。

まず、相手の言葉による攻撃に備える方法について考えておくことが重要だ。次に、その状況をうまく処理するために使う具体的な言葉について検証しよう。それを学んで実践すれば、相手を巧みに手なずけることができる。

第1段階　言葉による攻撃が起こりうることをつねに想定する。実際、言葉による攻撃にさらされたことがない人はいないはずだ。

第2段階　言葉による攻撃を受けている状況を心の中でリハーサルする。自分がその状況を完全にコントロールし、感情的に反応せずに冷静に対応している様子をイメージしよう。

家族、友人、知人、顧客、同僚が腹を立てて言葉による攻撃を仕掛けてきたら、どうすればいいのか。

第3段階　自分の感情をコントロールしながら対応する。冷静さを保ち、深呼吸をし、相手の言い分を最後まで聞こう。感情的になって話を途中でさえぎると逆効果になるおそれがある。相手が言っていることに関心を寄せつつも、感情をあらわにしてはいけない。

第4段階　相手がようやく一息ついたら、「どうやら謝罪する必要がありそうです。気に

さわることを言ってすみません」と言う。

そのあと、次のような展開になる。

もし相手が気分を害しているだけなら、たぶん自分の言動の不適切さに気づいて、「こちらこそ、ごめんなさい。むしゃくしゃしていたもので」と言うだろう。そこで次の段階に進む。

第５段階　それに共感を示しながら「わかりました。私にもそういう経験があります。何かお手伝いできることはありますか？」と言う。

相手は自分が正当なクレームを言っていると感じていても、話を最後まで聞いてもらえたことに気分をよくして態度を一変させ、丁寧で理性的な対応をしてくれるはずだ。

いずれにしろ、あなたは酸っぱいレモンを甘いレモネードに変えるように、相手を味方に変えることに成功したのである。

たいていの場合、相手を巧みに手なずけることは、それくらい簡単である。

しかし残念ながら、いつもそうとはかぎらない。ときには、相手は自分に正当性があると確信して、あなたの対応に満足してくれないこともある。自分の言い分を大声で主張する必要があると感じているのかもしれない。

その場合、いくら相手が声を張り上げても、あなたはそれに対抗して声を張り上げないことがたいへん重要である。

第6段階　自分の声を下げる。

たとえ言葉による攻撃ではじまらなくても、意見が対立する中でそういう事態を招いてしまうこともある。次第に声のトーンが上がってくると、相手より大きな声を出せば、相手に譲歩させて言い分を理解してもらえると思ってしまいやすい。

だが、現実にはそうはいかない。

まず、あなたが相手の言い分を聞こうとしないのと同様、相手もあなたの言い分を聞こうとしない。次に、もし相手があなたの言い分を聞いていても、本気で耳を傾けていない。

自分の言い分を相手に聞いてもらう秘訣は、逆説的で信じられないかもしれないが、自分の声を下げることである。

声がだんだん大きくなってきたら、少し間をおこう。自分の感情をコントロールし、冷静さを取り戻して静かに話をしよう。相手も冷静さを取り戻して、あなたの言い分を聞こうとするから、双方が落ち着いた態度で話をすることができる。

そこで、あなたは自分の主張をして言い分を聞いてもらう。おそらく相手も声を小さくするだろう。その結果、やっとお互いの言い分を冷静に聞くことができて、双方が勝利を収めることができる。

言葉による攻撃を処理する秘訣は、状況をしっかり把握して、感情に振り回されていることを自覚し、冷静さを取り戻し、理性的に話をすることである。

あなたはこの項目で、双方にとってより効果的で生産的になる方法を学んだ。言葉による攻撃をうまく処理することは、あなたが新たに学んだひとつの技術である。

4

心の初期設定をリセットする

人々は、どんなときでも冷静さを保つことができる人に信頼と尊敬を寄せ、そういう人の言うことを聞く傾向がある。そういう人になるのは難しいと思うかもしれないが、その気になれば誰でもできる。それには心の「初期設定」を変更しさえすればいいのだ。

初期設定とは、パソコンのオペレーティングシステムに最初から設定されている条件のことで、ユーザーがそれを変更しないかぎりそのままになる。

心の初期設定とは、なんらかの刺激に対するとっさの反応のことだ。パソコンと同様、私たちはいつも同じように自分にとってごく自然な方法で反応する傾向がある。

不快な状況が発生したとき、あなたの心の初期設定はどのようなものだろうか。激怒したり緊張したりしやすいのではないか。もしそうなら、あなたは無意識にそういう反応をしてしまい、あとになって過剰反応だったことに気づくはずだ。

あるいは、冷静さを保ち、状況を客観的に分析し、すべての側面を念入りに検討することができるだろうか。

プレッシャーのかかる状況に対する自分の心の設定は、組織やチーム、家族などのリーダーとして人を動かす能力を左右する。

朗報を紹介しよう。心の初期設定はいつでも自由に変更できるのだ。

全米屈指の心理カウンセラー、リサ・ウィルバーの例を紹介しよう。

ある日、彼女は緊急の電話相談を受けた。相談者によると、「大問題」が発生したらしい。

お察しのとおり、けっして大問題ではなかった。少し不都合な事態が発生しただけである。しかし、相談者は自分の心の初期設定に従ってすっかりうろたえていた。だからリサに電話したとき、すでにパニック状態に陥っていた。

幸い、リサは冷静さを保つように自分の心を設定していたので、落ち着いて相談者の話を聞きながらいっしょに解決策を模索することができた。

もし心の設定が適切でなかったら、リサはそんなことができなかっただろう。おそらく相談者といっしょにあわてふためいていたはずだ。

人生で遭遇するどんな状況にも容易に対処することは可能だろうか。残念ながら、そんなことはない。だが一般的に言って、冷静に対処するなら、どんな問題でも比較的たやすく解決策を見つけることができる。

今までずっと慣れ親しんできた心の初期設定を変更することはできるのだろうか。

もちろん、できる。どんな状況にも冷静に対処するように心の初期設定をリセットするためには次の6つのステップに従うといい。

1 心の初期設定を変更して冷静さを保つ決意をする。
2 混乱しそうな状況が発生したときに冷静さを保っている姿を鮮明にイメージする。
3 実際にそのような状況が発生したら、冷静さを保とうと意識する。
4 たとえうまくできなくても、自分を許す（どんな人でもしくじる）。
5 冷静さを保つよう心の初期設定を変更したら、それに喜びを見いだす。
6 いったん初期設定を変更できれば、何度でもそれができると自分に言い聞かせる。

他の人たちが取り乱しているときでも冷静さを保つ能力は、人を動かす力を持つことができるかどうかの試金石である。それはまた、相手を味方に変えるのに役立つ。

先ほどのリサの例でわかるように、**冷静さを保つことができる稀有な人は、自分だけでなくすべての状況をコントロールすることができる。**まさにそれこそが、人を動かす達人の証しである。

このことは私の愛読書の一節を想起させる。ジェームズ・アレンの古典的名著『「原因」と「結果」の法則』（サンマーク出版）から引用しよう。

「冷静さを保てば保つほど、より大きな成功を収め、より大きな影響力を行使し、より大きな力を発揮することができる。それは乾ききった大地の木陰のようにさわやかで、吹きすさぶ嵐の中の砦のように強固である」

5

短気な性格を直す7つのステップ

誰かがあなたを怒らせることはできない。あなたが勝手に怒っているだけである。とはいえ、誰かが意図的かどうかは別として、怒るきっかけを与えていることは事実だ（ただし、ここで言っているのは非生産的な怒りについてである。たとえば、愛する人が傷つけられたような場合は怒りを感じるのは当然で、それについては適切な対処が必要だ）。

他人のどんな言動にも怒りを感じないように自分を律するのは難しい。しかし、それができる人こそが人を動かす達人である。

短気な性格を直すことが、人を動かす達人になることとどんな関係があるのか。じつは、大いに関係がある。本書の冒頭で述べたとおり、強者とは自分の感情をコントロールできる人のことである。そしてそれは、人を動かすための必要条件なのだ。

怒りは人々を遠ざける。怒りを爆発させて相手を無理やり従わせることはできるが、心からついていきたいと思わせることはできない。

賢明で尊敬される人はつねに冷静さを保ち、周囲のすべての人の信頼を得る。

かつて私は短気な性格のためにずいぶん苦労してきた。その原因は自尊心の不足と我の強さだった。根はとても優しい人間であるつもりだが、不当な扱いを受けたように感じると、我の強さが前面に出て反発したのである。

この短気な性格は明らかに自滅につながっていたので、ある時点で直さなければならないと思った。そこで、他の欠点とともに自分を改善する努力を開始した。幸い、短気な性格は直った。現在、周囲の人は私がかつて短気な性格だったことを想像もできないようだ。

短気な性格を直したおかげで、大きな幸せを感じるようになっただけでなく、人を動かすうえでもたいへん効果があった。あなたにも同じ効果があるはずだ。

全身を構成する細胞は脳からの指令を受け取るから、不要な怒りを抱くことの身体への悪影響は甚大である。もちろん、私が怒りを感じている相手にはなんの影響もおよぼさない。そもそも相手はそんなことを知る由もない。

しかし、相手のことを思うとはらわたが煮えくり返るという事実は、相手が私に絶大な影響力を行使しているということだ。このことはガンジーの次の名言を思い起こさせる。

「怒りを抱きつづけてはいけない。そんなことをすると、憎い相手が家賃も払わずにあなたの心の中に住み着くことになる」

ひどいことをした相手に怒りを抱きつづけないと決意したからといって、相手の振る舞いを容認するということではない。怒りを捨てて相手を許すことは、相手のためではなく自分のためなのだ。

怒っているかぎり、あなたは人をうまく動かすことができない。しかし、問題はそれだけではない。誰かに怒りを抱きつづけている結果として発するネガティブなエネルギーは、あなたを魅力の乏しい人間にし、人を動かす力を損なうことになる。

短気な性格を直すための7つのステップを紹介しよう。

1　問題を自覚する。問題があることを自覚しなければ、その克服に必要なことをすることはできない。短気な性格が公私ともに支障をきたしていることを自覚したなら、私はあなたを祝福したい。

2　決意する。短気な性格を直すことを本気で決意しよう。これがカギである。自分の悪い部分を徹底的に変えるという決意がなければ、本書の方法を活用しても長期的にはなんの効果も得られない。炎症を起こした部位に絆創膏を貼ってごまかすようなものだ。

3　想像する。怒りを引き起こすような状況で、冷静さを保って建設的な態度で対応している様子を想像しよう。前に述べたように、これは宇宙飛行士が任務に備えてシミュレーションをしているのと似ている。

4　心の中でゲームをする。まず、怒っているふりをしよう。次に、身長２メートル、体重２００キロの恐ろしい大男がマシンガンを持って部屋に押し入り、あなたをにらみつけて「今すぐに怒りを静めないと、たいへんなことになるぞ！」と警告している様子を想像しよう。あなたは冷静になって、すぐに怒りを静めることができるだろうか。あなたのことはわからないが、私ならすぐに怒りを静める。

5　認める。もしそれができるなら、その気になれば怒らないようにできることを証明したことになる。一度でもそれができるなら、何度でもできる。

6　実践する。怒りがこみあげてきて爆発しそうになったら、まずその状況を意識しよう。自分を止めることはできないと思ったら、例の大男がマシンガンを持ってあなたに警告している様子を想像しよう。もしそんな状況におかれたら、冷静さを取り戻すことができるはずだ。それができるなら、どんな状況でもできる。

短気な性格を直したいという願望は、いつものようにすぐに怒りを爆発させてすっきりしたいという願望よりも強くなければならない。

7　小さな成功を積み重ねる。自分の進歩に喜びを感じるためにいつも100パーセント成功する必要はない。最初はふだんほど激高しない程度で十分だ。あるいは、何度か怒りを抑えたが、ついに我慢できなくなるということもある。そしてまたうまくできる。完璧でなければならないというプレッシャーを自分にかけてはいけない。最善を尽くしさえすればいいのだ。そうしているうちに、やがて短気な性格を完全に直すことができる。

ここで、あなたは疑問に思っているに違いない。以上のプロセスは表面的に怒りを抑えるだけで、心の中では怒りを感じているのではないか、と。

あなたさえその気になれば、そんなことはない。**人生の中で素晴らしいことに意識を向ければ、短気な性格を直すプロセスを促進することができるのである。**なぜなら、感謝の心を持てば持つほど、怒る必要を感じなくなるからだ。怒りを解き放つ前に解決すべき問題を抱えているなら、専門家のカウンセリングを受けるという選択肢もある。

怒りっぽい傾向があるなら、それを意識して直す努力を継続しなければならない。しかし、短気な性格を直して新しい自分になることができてよかったと思うはずだ。怒るかどうかは自分の選択であり、それが建設的な選択ではないことに気づくに違いない。

短気な性格を直すことができれば、人生はそれまでよりはるかに快適になり、ずっと生産的になる。

6

一瞬考えてから口を開く

あなたは誰かの言葉や行為に対して辛らつなことを言って、その直後に「しまった」と思ったことはないだろうか。

私はある。実際、何度もある。

だが、いったん言ってしまったことは取り消すことができない。その時点であなたがすべきことは、誠意を持ってきちんと謝罪し、もめごとが大きくならないように努めることだ。

ある人は「腹が立ったときに発する言葉は弾丸のようなものだ。いったん発射したら、絶対に元に戻すことはできない」と言っている。

言葉を発する前によく考えることを方針にしよう。一瞬、口を閉じることがカギだ。しかし、ほとんどの人にとって、それは自然にできることではない。だから、日ごろそういう事態を想定して練習しておかなければならない。場合によっては、何も言わないこと

（少なくともしばらくは）が最も賢明な選択肢である。

もめごとが発生する前に芽を摘み取ることが最善の策だが、もしもめそうになったら、それがエスカレートする前に止めることが次善の策である。

誰かがあなたを批判したり侮辱したりしたとき、あなたは言葉を発する前によく考えるべきだ。取り消すことができない言葉の弾丸を発する前に、いくつかの選択肢を入念に検討する必要がある。

一瞬、口を閉じて冷静に判断し、問題解決につながる利口なことを言おう。あなたは必ず優位に立てるはずだ。


沈黙の恩恵は、対面でのやりとりにとどまらない。

最近、私はある友人のフェイスブックを見ていた。彼はいつも親切で冷静な人物として世間から尊敬されている一流の職業人だ。しかし、そんな彼ですら、「かんしゃくを起こして感情的なメールを長々と書いたことがある」と告白していたのはじつに興味深い。

幸い、彼はそのメールを先方に送る前に親友と相談したところ、その親友はそれを送信せずに削除するよう提案したという。

私はそれを知って、メールで怒りをぶちまけたくなったときにもっといい選択肢がいくつかあることに気づいた。それを紹介しよう。

1　リンカーンのやり方をまねる。リンカーン大統領は誰かに対して腹を立てたとき、思い浮かんだ激しい非難の言葉を書きつらねた手紙をしたためることがよくあった。そして、それに署名し、封印し、切手を貼ったうえで、絶対に誰にも見られないようにその封筒を細かく切り刻んで捨てた。リンカーンは怒りを発散させるためにこのテクニックをよく使っていた。その手紙を投函するつもりはもともとなかったのだ。

2　メールを送信する前に待つ。私は感情的なメッセージを書いて送信する前に24時間待つことによって、仕事であれプライベートであれ、相手を傷つけて後悔するのを免れたことが何度もある。

24時間待つことによって、より親切で効果的なメッセージを発することができる。あるいは、メールを送信しないことが正しい選択肢だと気づくかもしれない。

3　助言を求める。私は効果的なメールを書くことが自分の強みだと思っている。しかし、重要なメールの場合、それを送信する前に信頼できる友人に助言を求めることがある。

その人たちは私のメールを見て、その内容を適切に判断し、言葉の使い方がまずい箇所を指摘し修正するように提案してくれる。

心理学者のダニエル・ゴールマン博士は『ＥＱ　こころの知能指数』（講談社）の中でこんなことを言っている。

「衝動を抑えるカギを握る能力とは、まずとっさの衝動をコントロールし、次にそれにかわる行動を決定し、その結果を予測することである」

まったくそのとおりだ。

メールを書くのはいいが、すぐにそれを送信してはいけない。まず自分の衝動をコントロールし、自分の行動がもたらす結果を予測し、ここで紹介した３つの選択肢から選ぼう。

7

説得の限界を感じたら議論を打ち切る

これはすべての経験の中で感情的に最も難しいことのひとつだろう。この場合の説得の相手は友人や同僚、あるいは家族かもしれない。あなたはあることについて確信しているが、それは相手も同様である。ただ不幸なことに、あなたと相手の信念は正反対だ。しかも、あなたが本書の技術をどんなに駆使しても、相手は意見を変えようとしない。あなたにしてみれば、結論は火を見るよりも明らかで自分の正しさを確信しているだけに、相手が賛同してくれないことに怒りと不満を感じるに違いない。

政治に関する会話を例にとって考えてみよう。礼儀をわきまえるべき場では政治の話題を口にしてはいけないという戒めがあるが、もし何かが自国にとって絶対に重要だと感じるなら、周囲の人に賛同するように働きかけたくなるのは当然のことだ。だから、適切なアプローチによって相手が会話に応じる準備ができたなら、そういう話し合いをしてはいけない理由はどこにもない。

とはいえ、政治的な論争であれ、それ以外の分野における見解の相違であれ、怒りよりも敬意をこめたほうが成功の確率はずっと高くなる。

私はネット上の政治論議を観察していて、意見が一致しない相手に強い憎悪と敵意が向けられているのを見るとがっかりする。人間関係が揺らぎ、場合によっては台無しになっているからだ。


もちろん、理性的で尊敬にあふれているからといって説得につながるわけではない。ここで大事なのは、あるテーマについて話し合うべきかどうかではなく、いつそのテーマについて話し合うのをやめるべきか、である。

その答えは、説得の限界を感じたときである。つまり、これ以上話し合うと人間関係を台無しにしてしまうおそれがある時点だ。その時点に差しかかったら、素早く見解の相違を認めて、それ以上の議論を打ち切ることが最善の策である。

相手はあなたが自分の見解を押しつけないことを知っているから、逆にあなたの見解を受け入れるために心を開くようになる。

8 情報の発信者を見極める

リーダーになると批判される。これは避けることができない現実だ。だから、批判をうまく処理して成長することが、影響力を高めるためのカギになる。

大学生のころ、私は学内で政治活動に熱中していた。学校であれ実社会であれ、人前で活動すると、必ずしも好意的でない意見にさらされる。当時、私はその種の批判を個人攻撃として受け止めていた。

そこで、ブルースとジョーという2人の友人に「なぜこんな不当な扱いをされなければならないのか」とよく愚痴を言ったものだ。

当時、ブルースは学生自治会の会長で、ジョーは議長を務めていた。私が彼らについて非常に立派だと感心していたのは、自分たちに向けられた批判にまったく動じなかったことである。

私が自分に向けられた批判について愚痴をこぼしていると、ジョーは「ボブ、その情報の発信者を見極めろ」と言っていた。つまり、腹を立てる前に、相手の意見にどれだけ重きをおくべきかを検討しろ、ということである。

実際、内容に関係なく、情報の発信者を見極めることはいいことだ。不愉快なフィードバックを受け取るとき、もしその発信者がこれまでばかげたことや根拠のないことを言っていたら、そんなに注目する必要はないことになる。

それに対し、もしその発信者が理性的で明晰に考える人で、他の機会にその人に賛同したことがあるなら、その批判を考慮すべきかもしれない。だからといって賛同する必要はないが、**その人の視点から物事を眺めることは有意義である。**

たとえ誰かの批判を真剣に受け止めるときでも、批判を個人攻撃とみなす必要はない。その２つはまったく別の次元の話だ。しかも、それは自分の感情をコントロールする練習をする素晴らしい機会でもある。

まず、自分に向けられた批判が考慮に値するかどうかを決める練習をしよう。そして、もしそうだと思うなら、それをもとに変化を起こそう。

次に、その発信者が誰であれ、それを個人攻撃とみなさない習慣を身につけよう。

お互いの信念の違いを理解する

第2の原理

9

信念と真実の違いを意識する

自分が絶対に正しいという確信を持っていたのに、それが間違っていたとわかることが、なぜ頻繁に起きるのだろうか。

その理由は、信念体系（もののとらえ方、考え方）に支配されたわずかな情報にもとづいて判断し決定をくだしているからだ。人間とはそういうものである。

信念体系にうまく対処するためには、信念と真実の違いを理解することがたいへん重要である。

それはどういう意味か。

真実とは事実のことである。それ自体は中立的であり、感情がない。しかし、状況や結果によって、それはよいものとか悪いものとみなされる。

たとえば重力がそうだ。信じなくても重力は真実である。それは普遍的な法則なのだ。空中で浮遊するのを防いでくれるから、そういう意味では重力はよいものである。しかし、高層ビルの屋上から飛び降りるとたいへんなことになるから、そういう意味では重力は悪いものだ。

一方、信念体系は主観的だから、人間関係をよいものとみなすか悪いものとみなすかはそんなに簡単とはかぎらない。

しかも、いったん確立すると、信念体系は変えることがたいへん難しい。なぜなら、それは主に無意識のレベルで機能しているからだ。実際、私たちの人生を支配しているのは無意識である。しかも、私たちは無意識によって支配されていることを意識していない。言い換えると、ほとんどの人が知らず知らずのうちに思い込みをして決定をくだしているということだ。

これは99・9パーセントの人が知らないことである。彼らは自分でも気づいていない信念体系に縛られているのだ。そして、それはたいてい私たち自身にもあてはまる。

前述したように、**すべての信念が有害だとはかぎらないが、有害な信念が多いのはたしかだ。そして、それは真実を見えにくくし、最悪の場合、成功を遠ざけてしまうおそれがある。**

私たちは対象をあるがままに見ない。なぜなら、私たちは自分の信念体系をもとに対象を見るからだ。

たとえば、人間関係を愛にあふれた楽しいものとみなそうと、傷つけあう苦しいものとみなそうと、人々はどちらも人間関係に関する真実だという信念を抱くことになる。

お金が悪であり、裕福になる唯一の方法は他人を利用することだと教えられようと、お金が善であり、裕福になる方法は多くの人に大きな価値を提供することだと教えられようと、人々はどちらもお金に関する真実だという信念を抱くことになる。

相手に損をさせても自分さえ得をすればいいと教えられようと、双方が得をすることが最もいいと教えられようと、人々はどちらも他者とのかかわり方に関する真実だという信念を抱くことになる。

その結果、人々はそれらの信念にもとづいて無意識に行動することになる。たとえそれが自分の幸せを阻害するはめになったとしても、である。

それを理解すれば、人々の行動原理がわかり、多くの人が人間関係に支障をきたしやすい理由が納得できるだろう。

その解決策は簡単ではないがシンプルである。

つまり、意識することだ。人間の言動のすべてが信念の結果である（それはあなたも含む）。そこで、その言動が意識的な信念か無意識的な信念のどちらによるものかを自分に問いかけてみよう。

そうすることによって、自分の人生で変化が起き、他者とポジティブにかかわることができ、人を動かす能力が高まることがわかるだろう。

人間関係の問題を抱えたときは、次の４つの質問を自分に投げかけよう。

1　私の信念体系は真実を歪曲していないか？
2　相手の信念体系は真実を歪曲していないか？
3　私は相手の信念体系を理解するためにどんな質問をすればいいか？
4　私の信念体系を相手に理解してもらうためにどんな情報を提供すればいいか？

これらの質問を通じて、あなたは真実を発見し、理解、尊敬、信頼、平和を促進することができる。

10

まず相手を理解し、次に自分を理解してもらう

スティーブン・コヴィーは『7つの習慣』(キングベアー出版)の中で第5の習慣として「まず相手を理解するように努め、そのあとで自分を理解してもらうこと」を挙げている。これはたいへん素晴らしいアドバイスだ。

この考え方をしっかり実行すれば、すべての人の人間関係はずっとよくなる、と私は考えている。

コヴィー博士の教えをうまく応用するために、重要なことを指摘しよう。いったん相手を理解したら、自分を相手に理解してもらうようにコミュニケーションを図ることが重要だ。

だから効果的なコミュニケーションに関するかぎり、自分の要求やニーズを相手にわかってもらう責任は私たち自身にある。

ずっと前にこんな金言を教えてくれた人に、私は今でも感謝している。

射手が標的をはずしたら、それは標的の責任ではない。

つまり、相手が誤解したら、それは相手の責任ではないということだ。

私たちは自分の気持ちを人々が汲み取ってくれるのを期待しがちだが、彼らにはそんなことはできない。もともと信念体系が違うのだから、私たちが自分の気持ちを明確に表現しないかぎり、それを正確に理解してもらえる可能性はかなり低い。

従って、私たちはその責任を相手に押しつけることはできない。そんなことをしようとしてもうまくいかないから、がっかりするだけだ。自分の気持ちを理解してほしいのなら、はっきりとそれを言葉で相手に伝える必要がある。

11
自分と相手の信念が衝突していることに気づく

信念体系は知らず知らずのうちに私たちを支配している。これは重大な問題だ。なにしろ、私たちは自分が無意識の状態で行動しているという事実を意識していないのだから。この試練を乗り越える出発点は、まず自分の信念体系を意識することだ。究極的に、あなたがどれだけの影響力を持つかは、あなたが相手との信念体系の衝突をどれだけよく理解するかにかかっている。

相手と意見が合わないときや相手の言動によって傷ついたりしたときは、2つの異なる信念体系が衝突していることに気づこう。

そして、自分がわずかな情報をもとに決定をくだそうとしていることに気づこう。冷静さを保ちながら、お互いが得をするような形で相手と接する方法を決めるうえで、これは大きな前進である。

次の２つの問いを自分に投げかけよう。

・私の気持ちは自分の信念体系にもとづくものか？
・私はわずかな情報をもとに相手に対して大きな決定をしているか？

たぶんどちらの問いに対する答えもイエスだろう。しかし、それを意識することができれば、自分の考え方を素早く調整して、より前向きな対応ができるようになる。

12

相手の振る舞いを好意的に解釈する

ビルの入り口から出ようとした瞬間、誰かが入ってきた。あなたはその人と目を合わせ、しばらくドアを開けておいて「どうぞ」と言った。ところが、その人はあなたを無視し、小さな声でぶつぶつ言った。

あなたは「親切にしてあげているのに、ぶつぶつ文句を言うとは、なんて無礼な人だ」と思った。

そういう経験はないだろうか。たいへん不愉快に思って、相手の振る舞いを自分への個人攻撃と決めつけたかもしれない。しかし、相手の振る舞いにはそれなりの事情があった可能性もある。

たとえば、家庭の問題で悩んでいた、入院中の家族や友人のお見舞いをして戻ってくる途中だった、資産を差し押さえられて対策を練っていた、知らない人とは一切かかわりを持たない主義だった、などなど。

あなたの親切な態度に対して相手がどんな振る舞いをしたかは完全に相手の問題であり、あなたとはなんの関係もない。だからそれを個人攻撃とみなすのは見当違いである。

相手の振る舞いを誤解し、あとで間違いだとわかったことはないだろうか。私はある。逆に、誰かからそういう誤解を受けたことはないだろうか。私はある。

人を動かす達人になりたいなら、相手の振る舞いを好意的に解釈しよう。お人好しになれと言っているのではない。真相がわからないなら、相手の振る舞いを好意的に解釈したほうが、あなたにとってははるかに得になると言っているのだ。

少なくとも、そのほうが快適な気分で過ごせることは間違いない。もし相手がよく知っている人で、いっしょに仕事をする必要のある人なら、この習慣はあなたの人生を好転させる力を持っている。

相手の振る舞いを好意的に解釈しても誰も傷つかないし、すべての人の利益になるのだから、ずっと理にかなっている。

言うのは簡単だと反論するかもしれない。しかし、相手の振る舞いを自分への個人攻撃とみなす性癖は、多くの人の悩みの種になっているのが現状だ。じつを言うと、私もこの問題でずいぶん悩んできた。それだけに、この性癖のために苦しんでいる人たちには心から同情する。

以前、あるブログ読者が「誰かが私の気持ちを意図的に傷つけようとしているのか、たんに私が誤解しているだけか、どうすればわかりますか?」と質問してきた。

これはほとんどの人が抱いたことのある疑問である。しかも、状況によっては、精神的につらい事態に追い込まれかねない。私たちは、誰か——知らない人であれ、親友であれ、家族であれ——が意図的に私たちを傷つけようとしているとは思いたくないものだ。

結局、このブログ読者の質問に対しては正解があるようには思えない。

私たちが個人攻撃とみなしているものの大半は、そういう性質のものではない。それは自分の信念体系を他者に転化した結果である。つまり、自分がそう考えるから、相手もそう考えているに違いないと思い込んでしまうのだ。しかし、それはたいてい的はずれである。

作家のドン・ミギュエル・ルイスはこの現象をみごとに分析している。それによると、**私たちが陥りやすい2つの心理的な罠とは、「一方的に思い込むこと」と「相手の振る舞いを個人攻撃とみなすこと」である。誰もがこの2つの罠にはまっている。**

相手の意図を理性的に解釈するために自問すべき質問はいくつもある。しかし、そんなときですら、自分の論理を相手の論理と同じだと一方的に思い込んで相手の振る舞いを個人攻撃とみなさないように気をつけなければならない。

同僚、友人、家族が言ったことの真意を探りたいと思っているとしよう。それが自分への個人攻撃かどうかを見極める最善の方法は何か。

気配りをしながら質問をすることである。

たとえば、「あなたの発言のせいで気分を害しました。それは私への個人攻撃ですか？」と言うと、相手を責め立てていることになるので好ましくない。そこで、「少しひっかかったので誤解のないように確認したいのですが、それはどういう意味かおたずねしても構いませんか？」と言えばいい。

私はかつて他人の振る舞いを個人攻撃とみなして腹を立てながら過ごしたが、振り返ってみると、それは個人攻撃ではなかった可能性が高い。結局、人生の大半を憤慨しながら過ごして浪費した時間と労力は莫大であり、まったく不要だったのだ。

では、相手があなたの気持ちを意図的に傷つけようとしているのか、間違った言い方をしているだけなのか、どちらだろうか。

私にはよくわからないが、それはあなたへの個人攻撃ではない可能性がきわめて高い。

なぜなら、**結局のところ、ほとんどの人は自分のことを考えるので精いっぱいで、あなたを傷つけることを考える余裕などないからだ。**

たぶん、このことは心に留めておいても損はないと思う。

13

憶測をまじえて答えない

人を動かす達人になると、あなたはよく意見を求められるようになるだろう。たとえば、相談者が身近なできごとについて話をしたり、仮定の話でこういう場合ならどうしたらいいかとアドバイスを求めたりしてくるに違いない。

しかし、十分に具体的な情報がない状況で意見を言ったりアドバイスをしたりしても、しょせんそれは憶測の域を出ない。幸せや財産がからんでいる場合、憶測でものを言うのは不適切である。

誰かに意見やアドバイスを求められると、私たちは自分の世界観をもとに答える傾向がある。つまり、自分の信念体系にもとづく思い込みで答えてしまうのだ。

そんなとき、私たちは自分の価値観を反映した回答をしているだけでなく、情報不足でよくわかっていない状況に対していい加減なことを言っている可能性がある。これはじつに危険なことだと言わざるをえない。

双方の思い込みを排除するために適切な質問をして客観的な証拠を集め、それをもとに適切な答えを出そう。まだ証拠集めができていないなら、「状況を十分に把握できていないので、回答は差し控えさせてほしい」と言うのが妥当だ。

ところが、私たちは十分な情報がないにもかかわらず、憶測にもとづいて質問に答えることがよくある。

人を動かす達人はそういうことをしないものだ。

14
相手のものの見方を学ぶ

信念体系がコミュニケーションの妨げになることに関する私の大好きな例のひとつは、6人の盲人とゾウについてのインドの寓話である。

6人が1人ずつゾウの体の異なる部分に触れ、そのわずかな情報をもとに6つの異なる結論に達したという話だ。

19世紀のイギリスの詩人ジョン・ゴドフリー・サックスが、この寓話を改作して有名にした。

1人目はゾウのわき腹に触って、「これは壁だ」と言った。
2人目は牙に触って、「そうじゃない。これは槍だ」と言った。
3人目は鼻に触って、「それは違う。これはヘビだ」と言った。
4人目はひざを触って、「いや、それも違う。これは木だ」と言った。
5人目は耳に触って、「全然違う。これはうちわだ」と言った。

6人目はしっぽに触って、「みんなデタラメだ。これは縄だ」と言った。

広告の第一人者ロイ・ウィリアムズは「認識の世界では、どの盲人も正しい。人を動かす努力の大半は、盲人が別の盲人に自分と同じ認識を持つように力説するようなものだ」と言っている。

これほど的確な分析はめったにない。効果的ではない説得の最大の原因をみごとに要約している。

私たちは自分の信念にもとづいて世の中を見るだけでなく、他のすべての人がまったく同じように世の中を見ることを期待している。

ウィリアムズはこう指摘している。

「自分の家族、友人、同僚、顧客が独自の認識の中で暮らしているという現実をじっくり考えたことがあるだろうか。その人たちが自分と同じようにゾウを見ることを期待するのではなく、あなた自身がその人たちと同じようにゾウを見る努力をしたらどうだろうか。辛抱強く努力をつづければ、やがて多種多様なとらえ方でゾウが見えてきて、その人たちの認識が理解できるようになる」

「そして、そのとき初めて傾聴に値することが言えるようになる」と結んでいる。

これは素晴らしい考え方だ。**自分の提案や主張を受け入れてほしいのなら、相手の認識にもとづいて現実を見なければならない。**

絶えず相手の認識にもとづいて物事を見る練習をしよう。

それは簡単ではないが、自分の物の見方と相手の物の見方についてたくさん学ぶことによって、どうすればうまく人を動かすことができるかがわかるようになる。

15 自分の信念を柔軟にコントロールする

私たちは人間として自分の信念体系に縛られているのだろうか。

ある程度、そうだ。

しかし、もし自分の信念体系が自分の反応や対応をつくり出していることに気づけば、その信念体系をもっといいものに改善することができる。

それは素晴らしいことだ。**自分の生き方をコントロールできるのだから。しかも、いやなできごとが起きても、建設的な方法で対応する能力を発揮することができる。**

一方、相手の信念体系を変えようとしても、それは大きな困難をともなう。だが嬉しいことに、そんなことをしなくても、成功を収めたり影響力を持ったりすることはできる。

あなたが理解すべきことは、相手が自分の信念体系をもとに行動しているという事実だけだ。そこで、相手の信念体系に従って、本書の情報を活用しながら関係者全員に恩恵をもたらす方法で相手に働きかけるといい。

第3の原理

相手のプライドを尊重する

16

相手のプライドを尊重する

勇壮な馬は力強いが、たいへん荒っぽい。乗り手が馬を制御すれば、いろいろなことを成し遂げるのに役立てることができる。しかし、馬を制御できなければ、乗り手がひどい目にあうだけでなく、周囲に被害をおよぼしかねない。

プライドは馬と似ている。私たちはその乗り手である。

会話で「プライド」という言葉を使うとき、たいてい悪い意味に用いられている。たとえば、「彼女はプライドが高くて気難しい」とか「彼はプライドを傷つけられると手に負えなくなる」といった具合だ。

だから、最近ではプライドのようなやっかいなものは捨ててしまったほうがいいという風潮すらある。

しかし、プライドがなければ、素晴らしいことを成し遂げることができない。プライドがあるからこそ、よりよい人生を切り開こうという気概が生まれるし、業績を上げようというモチベーションが高まるのだ。これこそが世の中を発展させる原動力になっていると言える。

怒りや恨み、反感はプライドと深くかかわっている。あなたが動かそうとしている相手は、それらのネガティブな感情を抱きやすいかもしれない。**だから、たとえ相手が目的達成を手伝う力を持っていても、あなたが相手のプライドを尊重しないなら、いくら頼んだところで力を貸してはくれないだろう。**

そんなわけで、自分の言動にはつねに細心の注意を払わなければならない。どんなときでも相手のプライドを尊重することを心がけよう。

人を動かす達人はいつも相手のプライドを尊重しながら行動する。そして、そうすることによって、世の中をどんどんよくしていくことができる。

17

相手に恥をかかせない

「相手に恥をかかせるくらいなら、燃え盛る炎に身を投じるべきだ」という警句がある。もちろん、これは比喩だから文字どおり解釈すべきではないが、相手に恥をかかせることは絶対に避けるべきだという戒めとしては正しい。相手に恥をかかせることは不親切な行為であるだけでなく、人を動かそうとするうえで完全に逆効果になる。

私は今まで、相手に恥をかかせてよい結果が生じたのを見たことがない。相手の気持ちを傷つけるジョークが面白いと感じたことがない。部下の間違いを正すために相手に恥をかかせることが功を奏したという話を聞いたことがない。人前で子どもに恥をかかせるだけの価値があるしつけがあったためしがない。

相手をほめるときは人前で、相手に注意するときは一対一でするというのは、リーダーシップとマネジメントの鉄則であり、それには十分な根拠がある。

部下が何かをうまくしたとき、その功績をできるだけ多くの人の前で称賛しよう。一方、部下が間違いを犯したら、本人をそばに呼んで、どこがまずかったかを冷静に説明し、どうすれば間違いの再発を避けられるかを言い聞かせよう。

相手をみんなの前で叱っても得るものは何もない。それどころか、本人を落胆させ、他の人たちをおじけづかせるだけである。人々は恐怖心を抱くと表向きは従うが、心の中では反発するものだ。

人を動かす達人は、人々の自尊心がたいへん傷つきやすいことを肝に銘じて行動する。だから特殊な状況でないかぎり、相手に恥をかかせるようなことはけっしてしない。

人を動かす達人は、相手の自尊心を傷つけずに自分の主張を伝えると相手の尊敬と忠誠と協力が得られることを知っている。

以上のことに関連して、自分の正しさを主張するために人前で相手の間違いを正すことについて触れておきたい。それは意図的に相手に恥をかかせるのとは違うが、似たような結果になる。つまるところ、相手に恥をかかせることは、人を動かすための効果的な方法ではないということだ。

何年も前のことだが、当時の衝撃は今でも鮮明に記憶に残っている。デール・カーネギーの不朽の名著『人を動かす』（創元社）の中で、著者が自分の体験談を語っている箇所を初めて読んだときのことだ。

夕食会でカーネギーは他の来客のささいな発言の間違いを指摘した。すると、カーネギーの横に座っていた友人が即座に彼の指摘を否定し、その来客が正しいと主張した。

そのあとでカーネギーがその友人に「君は彼が間違っていることを知っているはずなのに、なぜ擁護したのか？」とたずねたところ、その友人は「人前で相手の顔をつぶすようなことをしてはいけない」と注意した。

このエピソードが衝撃的だったのは、私もそれと同じことをよくしていたからだ。ささいなことでも他人の間違いを指摘し、そうすることで自分のすぐれた知識を強調したくなる衝動を抑えきれなかったのである。しかし結局、そんなことをしてもなんの得にもならず、かえって相手に恥をかかせ、反感を抱かせただけだった。

「明らかに事実に反することがわかっているなら、相手の間違いを指摘するのは当然ではないか」とあなたは反論するかもしれない。それはその場の状況による。

相手の間違いを指摘する際は次のことを考慮しよう。

・その間違いは指摘する必要があるほど重要なことか？
・わざわざ人前で間違いを指摘するだけのメリットはあるのか？
・そうすることは有益か有害か？
・相手に恥をかかせることになるか、相手に歓迎してもらえるか？

たとえば、誰かが「テッド・ウィリアムズは大リーグ史上最強の打者だ。１９４０年に打率４割６厘というすごい成績を残している」と言ったとしよう。

正しくは１９４１年である。その間違いを指摘すべきかどうかは、以上のいくつかの質問に対する答えによる。もし２人の友人同士のやりとりなら、間違いを指摘してもたぶん問題はない。しかし、人前で相手に恥をかかせることになるなら、間違いを指摘してはいけない。あとで２人きりになったときに言うべきかどうかは状況次第だが、もしそれをするなら、「私の思い違いかもしれないが」と前置きしてから「もしかすると、それは１９４１年ではなかったかと思う」とやんわりと事実を指摘すればいい。

もし相手が真実にこだわるなら、自分で調べるだろう。

たしかに、これはとてもささいな例である。しかし、人々がなんの得にもならないのに人前で他人の間違いを指摘して、人間関係を台無しにしているのを目撃した人は少なくないはずだ。あなたもそういうことをした経験がないだろうか。逆に、誰かにそういうことをされた経験はないだろうか。あなたはその人にどんな感情を抱いただろうか。

ここで肝に銘じておこう。人を動かすためには、その前提条件として、その人があなたに好意を抱き、あなたを信頼する必要があるのだ。

もし相手に恥をかかせたら、その人はあなたに好意と敵意のどちらを抱くだろうか。また、もし相手があなたに恥をかかされることを恐れているなら、その人はあなたを信頼するか敬遠するか、どちらだろうか。

もちろん、どの状況も異なっている。しかし、どうしても自分の正しさにこだわるなら、相手の感情を傷つけないように配慮することがつねに最善の策である。

大切なことをもうひとつ指摘しよう。

「冗談だよ」とあとで付け加える必要があるなら、たぶんその発言はなんにも面白くないということだ。

この指摘は前の指摘とかかわっている。だが、これはおそらく最も危険な傾向である。

なぜなら、あまりにも多くの人がこういう言動によって人気者になれると勘違いしているからだ。**冗談めかして相手を侮辱するのは、最も敵をつくりやすいコミュニケーションのパターンなのである。**

以前、私はある男性といっしょに仕事をしたことがある。彼の得意のユーモアは、冗談めかして相手を侮辱することだった。たいていこんな具合である。相手を侮辱するような冗談を言うのだが、相手がまったく笑わないので「冗談だよ」と付け加えると、相手は苦笑いをする。彼はそれでいいと思っていたのだ。

しかし、相手はみな彼のことが嫌いになった。

あるとき私は彼と２人きりになり、「いいかい、『冗談だよ』とあとで付け加えなければならないなら、それは相手にとってはちっとも面白くない証拠だよ」と言った。

残念ながら彼はその忠告を理解しなかった。そういう人が世の中にはいるものだ。

アメリカ建国の父の１人、ベンジャミン・フランクリンは自叙伝の中で「からかうことによって人を味方につけることはできない。それどころか、味方を敵に変えてしまうおそれがある」と書いている。

相手を笑いのネタにしてはいけない。どうしても笑いのネタが必要なら、それは自分自身にすべきである。

18 相手に勝とうとしない

「人を動かすには弁護士ではなく裁判官になれ」という格言がある。

この教えの意味は明らかだ。弁護士が依頼人のために合法的で倫理的な手段をすべて駆使して裁判に勝つために雇われているのに対し、裁判官はそうではない。裁判官の仕事は審理が法律に従って円滑に進行し、原告と被告の双方が公平に主張の機会を与えられるように配慮することだ。

したがって、裁判官は双方の主張を理解し、できるかぎり中立的であるように努めなければならない。もちろん、家庭や職場で黒い法服をまとう必要は全然ないが、裁判官のこの姿勢は見習うべきである。

あなたは誰かと意見が衝突し、相手が明らかに正しいとわかっても自分の主張を貫いて議論に勝ちたいと思ったことはないだろうか。

私はある。しかし、あなたが弁護士でないかぎり、考え直して別の方法をとるようにしたほうが得策だ（たとえあなたが弁護士でも、そこまで意固地になるのは法廷の中だけにしておいたほうがいい）。

では、あなたがとるべき行動パターンを紹介しよう。もしそれをつねに実践できれば、多くの人から尊敬され、人を動かす力を飛躍的に伸ばすことができる。

賢明な裁判官の視点で意見の衝突を見極めよう。それをするためには、その状況から距離をおき、双方の主張を客観的に検討する必要がある。

私たちは自分の側から物事を見て判断する傾向があるから、とくに相手の主張に注意を向けることが重要だ。公正無私な裁判官ならそれをどう判定するかを自分に問いかけよう。

人間である以上、たとえ間違っていても勝ちたいという欲求があるから、公正無私であることは難しい。この利己的な欲求を克服する最善の方法は、裁判官のふりをする練習をすることだ。

とにかく自分のエゴを抑えよう。そうすれば、現状をよりよく理解できるだけでなく、相手の尊敬を得ることができる。その結果、意見を伝えるときに相手に聞き入れてもらいやすくなる。相手は心の中で感服し、あなたの主張に従ってもいいと思うはずだ。

19 まず「そうですね」と同意する

デール・カーネギーは「議論に勝っても意味がない」と主張している。まったくそのとおりだ。

もし議論に負ければ、あなたの負けである。しかし、たとえ議論に勝つ（自分が正しくて、相手が間違っていることを示す）ことができても、相手に望んでいる行動を起こさせることはたぶんできないだろう。

なぜか。

相手の自尊心を傷つけているからだ。自尊心は人間にとって最も重要な感情である。

その場合、**あなたは相手を屈服させることができるかもしれないが、相手を納得させて動かすことができない。**

では、相手が明らかに間違っていることを言った場合、あなたはどうすべきか。

まず、「なるほど、そうですね」と言って賛同することだ。これは相手の警戒心を取り除く効果的な方法である。相手からすると、当然、あなたが反論すると予想していたのに賛同してくれていることに意表を突かれるのだ。

考えてみよう。相手はあなたが賛同してくれているのを知って安心するはずだ。しかし、あなたはそこでやめてはいけない。相手への賛同を表明したからといって、自分の主張を放棄すべきだということにはならないからだ。

これまで紹介した説得の手法のいくつかを活用しよう。たとえば、「私はもしかしたらこうではないかと思うのです」とか「じつは、私はこんなふうに思っています」といった前置きの言葉を使って相手の心理的抵抗をやわらげるのだ。

ここで「ですが」とか「しかし」という言葉を使っていないことに注目してほしい。そんなことをすると、自分がさっき賛同したことをみずから否定することになるからだ。だからたいていの場合、前置きの言葉を使うだけで十分である。

大切なのは、相手の警戒心を解いて、これから言おうとしている見解を受け入れてもらえるように配慮することだ。

それができれば、もうすぐ相手を説得することができる。

簡単な例で説明しよう。

受付係「午後3時までは宿泊客のチェックインを認めないのが当ホテルの方針です」
あなた「そうですね。方針に従うことは重要です。それなりの理由があるのでしょう」

あなたは議論せずに賛同している。あなたが賛同してくれた（ほとんどの人はそうしない）おかげで、受付係は自分の立場をおびやかされずに安心することができる。しかも、受付係はあなたの提案を受け入れやすくなる。

そのうえで、たとえば、こんなふうに言ったらどうだろうか。

「この方針が重要である理由は、部屋をきれいにして宿泊客を受け入れる準備をすることだと理解しています。だからこそ、私はいつもこのホテルを気持ちよく利用させていただいているのです。お手数をおかけしますが、現時点ですでに準備できている部屋があるかどうか調べてもらえませんか」

受付係が調べているとき、「もしチェックインできる部屋が見つからなければ、それで結構です」と言うといい。これはたいへん効果的なフレーズである。

私は自分の経験と多くの人からの情報で、この方法が功を奏することを確信している。もちろん、必ずうまくいくとは断言できない。しかし、もしチェックインできる部屋があるなら、あなたはおそらくチェックインさせてもらえるだけでなく、たいへんいい部屋をあてがってもらえる可能性が高い。

もしあなたが受付係の最初の発言に感情的に反論したら、受付係は身構えて押し問答になっていたに違いない。しかし、うまく対応すれば、相手に喜んで提案を受け入れてもらうことができる。

ポイント。まず賛同しよう。説得するのは、それからだ。

20

相手を「重要な人」として扱う

午後9時45分、トロント国際空港の税関で状況は順調に進んでいた。まもなくチェックアウトを済ませて、迎えの車でホテルまで連れていってもらい、その晩はぐっすり寝て翌朝のプレゼンテーションに備えるつもりだった。ところが、思わぬところで落とし穴にはまった。

通常どおり、どの係員も非常に丁寧だった（私の経験では、カナダ人は全般的に親切で優しいようだ）。最終チェックをするために入国審査官に向かって歩きながら、私は彼女にほほえみ、彼女も私にほほえんだ。

こうして気持ちよく審査を終えるはずだったが、そこで予期せぬ事態が発生したのだ。

彼女が入国の目的をたずねたので、私は「ファイナンシャルアドバイザーの全国集会で講演をするために来ました」と答えた。すると彼女の態度が変わり、「ということは、あなたは講演家ですね？」と言った。私が「そうです」と答えると、彼女はかなり動揺していたようだった。

「具体的にどんな講演をする予定ですか？」

私が講演のテーマを言うと、彼女は「詳しく話してください」と言った。私がひととおり説明すると、彼女は「それではよくわかりませんから、もっと詳しく話してください」と言った。私がその要求に従うと、彼女はクライアント企業とその沿革、参加者の人数など、その場の状況とはおよそ無関係な質問をした（私はそれまで何度もカナダに講演旅行をしてきたので、税関に通告すべき情報はよく知っていた）。

何かがおかしかった。なぜ彼女は急に態度を変えたのか。


この係員はなんらかのトラウマを抱えているのだろうと思ったが、どういうことかよくわからなかった。だが、すぐにそれを見極めないと、入国管理局で何時間も取調べを受けるはめになると思った。

彼女は「講演家かコンサルタントか司会者のどれに該当しますか？」と質問した。私はとっさに「もちろん、善良な人間に該当します」とジョークで切り返しかけたが、それが適切な答え方ではないことは百も承知だった。その場の状況から判断して、どのように説明しても不利な立場になることは明らかだった。

私が「この場合、最も正確なのは講演家ということになります」と言うと、彼女はいやな顔をした。

ここで大切なことを指摘しておこう。**このような状況では、怒りや戸惑いを感じても自分の感情を抑えることに全力を尽くし、絶対に取り乱してはいけない。**誠実な態度を貫き、忍耐と礼儀を持って対応することが重要だ。大声を出したり侮辱的な発言をしたりするのはもってのほかである。とにかく冷静さを保とう。

彼女の次の質問は、私が講演に対して謝礼か報酬のどちらを受け取るかというものだった。この場合、「謝礼」とは少額のお金で、「報酬」とは多額のお金を意味する。「謝礼」と答えたほうが彼女は満足すると思ったが、私は「報酬です」と真実を言った。

大切なことをもうひとつ。ウソをつくことは一般的に間違っている（自分や愛する人の身に危険がおよぶ場合は除く）だけでなく、たいてい裏目に出る。たとえば、もし私が「謝礼です」と答え、彼女がさらに詳しく調べて多額の報酬を受け取ることを知ったら、たいへんな事態に発展し、私は本国に送還されることになりかねない。そうなると、クライアントに迷惑をかけることになる。だから真実を言うことが最善の選択肢なのだ。

入国審査官「バーグさん、問題点を指摘しましょう」

彼女は当局の規則に言及したが、それがこじつけであることは見え見えだった。しかし、私は冷静さを保ち、敬意を示して彼女の話に最後まで耳を傾けた。

私「詳しくご説明いただいて、よくわかりました。入国審査官としては規則に従わなければなりませんからね。私はあなたの国を訪問する立場ですから、それを心に留めて当局の規則に全面的に従います」

つまり、私は彼女の発言に賛同したのである。前項で説明した「賛同の原則」を思い出してほしい。**相手に賛同すれば、相手を敵に回すことはない。**

ところが彼女はまだトラウマを抱えていたので、それが言葉になって出てきた。

入国審査官「〇〇さん（ある有名なアメリカの講演家）をご存知ですか？」

私「名前はよく知っています」

入国審査官「その人が数ヶ月前にここに来たのですが、あんなに傲慢で不愉快な人に会ったことはありません」

なるほど、これが問題の核心だったのだ。それは彼女のトラウマになっていたが、そのために私が巻き込まれるはめになったのである。彼女は私の同業者に自尊心を傷つけられたので、無意識のうちに私に怒りの矛先を向けてうっぷんを晴らそうとしたのである。これが事の真相であり、それ以外のことは直接関係がなかった。

人を動かす2つの原理がこの状況に応用できる。

1　人間はわずかな情報をもとに判断をくだす。この場合、私はアメリカの講演家であり、彼女が前に出くわした無礼なアメリカ人講演家と同業者だった。

2　人間は感情の生き物である。この場合、彼女は自尊心を傷つけられていたので、本来の性格ではない行動をとった。しかし、最初に出会ったときの印象はとてもいい人だったので、おそらくいい人なのだろうと思った。

以上のことが理解できれば、彼女を味方につけるのは簡単である。彼女は不快な感情を

すべて吐き出した。とはいえ、彼女に同調して、その講演家を非難するのは正しくない。そこで私は「ようやくご理解いただけて安心しました。入国審査を無事に終えることができたことに感謝します」と言った。

つまり、私は入国審査官にしてほしいことを事前に指摘して感謝したのである。適切な表現を使えば、相手はあなたが感謝したことをしてくれる。実際、その後の展開は次のようになった。

入国審査官「たしかにちょっと言いすぎましたが、あの人はじつにやっかいでした。バーグさんはそういう人ではないようなので助かります。辛抱強く正直に対応してくださったことに感謝します。トロントでの滞在をお楽しみください」

人はみな感情に支配されている。優秀な経営者として名高いメアリー・ケイ・アッシュは、「どんな人でも『私を大切に扱ってください』と書かれた見えないプラカードを首からぶら下げている」と言った。そこで私はこの入国審査官とのトラブルを解決するために、彼女に重要感を与えるように努めたのである。

21 手書きの感謝状を出す

私の講演会に参加したことがある人は、私が手書きのメッセージをどれだけ高く評価しているかを知っているだろう。初対面のあと、いっしょに仕事をしたあと、人を紹介してもらったあとはとくに効果的だ。

だからといって、メールの価値をおとしめるつもりはない。実際、私はメールをつねに利用している。しかし、何事にも適切な時間と場所がある。多くの場合、手書きの感謝状ほど大きなインパクトを与えるものはない。相手が大切に扱われているという思いを持つことができるからだ。**あなたが時間をとって手書きの感謝状を書くことで、相手に「あなたを大切に思っている」という気持ちを伝えることができる。**

文字を入力して相手に直接送ることができるメールや交流サイトが誕生する前ですら、感謝状を書く習慣を持っている人は少なかった。だから、それを一貫して実行していた人は他の人から抜きん出ていた。技術の進歩にともない、感謝状を書く人はさらに減っているから、それを実行している人は大多数の人よりもずっと優位に立つことができる。

人を動かす達人は手書きの手紙をたくさん書く。書く理由を見つけ、いろいろな人に手紙を送る。見込み客と固定客だけでなく、給仕係や修理工など、サービスを提供してくれた人たちにも感謝の手紙を書く。さらに、親切に対応してくれた警察官や子どもの面倒を見てくれた看護師にも手紙を書く。

お世話になった人に手書きの手紙を書くと相手にとても喜ばれるが、さらに効果的なことをしたいなら、その人の上司にも手紙を書くといい。

手書きの手紙を送ることはすべての人にとって素晴らしいことであるだけでなく、次に仕事をいっしょにしたり相手の助けが必要になったりしたとき、相手はあなたを最優先してくれるだろう。

子どもがいるなら、手書きの手紙を書くことの重要性を教えよう。相手が教師であれ上司であれ、手書きの手紙を送ることが目的達成の決め手になることを指導すべきだ。この習慣は子どもの将来に大きなプラスになるはずである。

22
人前で相手をほめる

人前で相手をほめるとき、あなたは第三者の心の中で相手の印象をよくするだけでなく、相手の自尊心を高めることができる。

人前で相手の長所だけでなく、相手にしてほしいことを指摘して称賛するといい。相手はあなたに称賛してもらった行動をとるようになるはずだ。

人前で相手をほめることは、親善大使としての役割を果たすことにほかならない。

たとえば、こんな具合である。

「トムはデータの入力が迅速かつ正確です」

「メアリーはたいへん気配りができます」

「私はキャシーがいつも素晴らしい仕事をしてくれるので感激しています」

「ジョーンズご夫妻、スティーブは当社の優秀なサービス担当者です。なんなりとお申し付けください。スティーブ、ジョーンズご夫妻のお世話をしてくれてありがとう」

人前で相手のことをなんと言っていいかわからないときは、とにかくほめるといい。それをすることによって、具合の悪いことは起きないはずだ。

人前で相手を心からほめることを実践すれば、あなたの影響力は飛躍的に高まる。これはそれくらい効果的な方法なのだ。

23 反論するときは相手への敬意を忘れない

いつも何かに反論したくなる衝動を抑えられない人がいる。最近ではそのためのうってつけの場がある。フェイスブックやツイッター、ブログのコメント欄などがそうだ。

それはたいていこんな具合である。誰かが一般論として明らかに正しいことを言う。たとえば、「不要な恐怖心を抱くと、成功のための重要な一歩を踏み出せなくなる。しかし、そんなときでも恐怖心を乗り越えて行動を起こすことが重要だ」と。

すると、別の誰かが例外を指摘する。たとえば、「命の危険にさらされているときはどうするのか？」と。

そこで、最初の人がうんざりして「だから『不要な恐怖心』って言っているじゃないか。しっかり読めよ」と言う。

相手は議論をふっかけるために揚げ足をとって楽しんでいるのだ。

この種のやりとりはネット上で頻繁に発生しているが、一対一やグループなどでも発生している。

もちろん、相手の発言に異議を唱えることは間違っていない。実際、相手に敬意を払って誠実な対話をし、お互いに学び合うことは素晴らしい。

しかし、明らかに正しい発言に対しても反論せずにいられない人を歓迎する人はめったにいない。そんなことをする人は攻撃的で偏屈な人という印象を周囲の人に与えるだけだ。たしかに世間の注目を集めるかもしれないが、それでは人を動かすことはできない。

繰り返すが、相手に敬意を払いながら反論することは間違ってはいない。しかし、もしそうするなら、次のことを念頭において発言しよう。

1　まずそれについて考える。感情的に反応するのではなく、理性的に対応しよう。反論する前に少し間をおいても、後悔することはめったにない。むしろ、不要な行為をせずにすんだことにホッとするはずである。

2　自分が賛成できる部分を探す。多くの原則に例外が存在するのは事実だが、わざわざ反論するのは得策ではない。反論することによって会話が盛り上がるかどうかを自分に問いかけよう。そうでないなら、反論しないほうがいい。

3　気配りをする。どうしても人前で真実を指摘しなければならないと感じたら（実際にそういうことがある）、気配りをして敬意を示しながら丁寧に真実を指摘しよう。たとえば「もしかしたら……ではないかと思うのですが」「お聞きしてもよろしいでしょうか」というように控えめな表現を使うといい。しかも、できることなら、相手に恥をかかせないように2人きりでそれをしよう。

4　最終チェックをおこなう。実際に反論する前に、「自分の動機は純粋だろうか？それとも、注目を集めて議論をはじめたり、相手をやりこめて楽しんだりすることが動機だろうか？」と自問しよう。これは自分が反論する動機を見極めるための究極の質問である。

もし相手をやりこめることが動機なら、相手の反感を買うことを覚悟しなければならない。相手はあなたに好感を抱いて反論をすんなりと受け入れるだろうか。いや、それどころか逆効果になる。だから、あなたの反論は誰のためにもならない。もし他の人たちに注目されて影響力を拡大したいなら、反論する前に自分の動機を見極めよう。もしそれが純粋な動機なら、遠慮なく反論すればいい。

24

利害関係のない人にこそ丁寧に接する

上司にはいい人なのに、飲食店の給仕係にはそうでない人は、本当にいい人ではない、とよく言われる。自分と利害関係のない人にどのように接するかで、その人の人間性がわかるという意味だ。

ふだんほめられていない人に敬意を表することは、その人があなたを助ける必要性が生じたときに、どれだけのことをしてくれるかに大きな影響をおよぼす。もちろん、それは相手に敬意を表する理由ではないが、たいていの場合、そういう結果になる。

人々に奉仕しているのにあまりほめてもらっていない立場の人に敬意を表するのは、なんと素敵な姿勢だろうか。道路清掃人、空港の手荷物運搬係、ホテルのドアマンなど、どんなサービス業の人にも、あなたは丁寧に接しているだろうか。その人たちを大切な存在とみなし、それを態度で示しているだろうか。

あなたのそういう態度は、相手の自尊心を大いに高める。彼らは全力であなたに尽くしてくれるだろう。

もちろん、それがその人たちに敬意を表する理由ではない。**彼らに敬意を表するのは、それが正しいことだという価値観によるものである。しかし、相手に心から敬意を表することによって、あなたは結果的に大きな得をすることになる。**

さらに、それは間接的な報酬をもたらすかもしれない。あなたが取引の相手としてふさわしいかどうか、もっとかかわりを持っていい相手かどうかを決めかねている人は、あなたが他人にどう接しているかをよく見ている。

たとえば、一部の会社では志願者が面接室に入る前に待機室でどんなふうに振る舞うかを管理職が観察している。見られていると思わない場所では、人々はふだんと同じ振る舞いをするから、志願者が受付係や他の人たちにどんなふうに接するかを見る機会になる。

とはいえ、ふだん大切に扱われていない人に敬意を表することの効果は、その人の気分がよくなることくらいかもしれない。しかし、それで十分な理由ではないだろうか。

25 よい振る舞いはすかさず称賛する

ケン・ブランチャードとスペンサー・ジョンソンの名著『1分間マネジャー』（ダイヤモンド社）を覚えているだろうか。その中に、リーダーとマネジャーがチームのメンバーとうまく仕事をするための最も効果的な心得のひとつが書かれていた。すなわち、部下が正しいことをしているのを見たら、それを称賛するということだ。

もちろん、部下が間違ったことをしていても目をつぶるという意味ではない。部下が間違ったことをしたら、相手の立場に立って気配りをしながら間違いを指摘する必要がある。しかし残念ながら、まずい仕事ぶりのほうがよい仕事ぶりよりも注目される傾向があるのが実情だ。**言い換えると、私たちは、相手が間違っていることをしていることに気をとられ、相手が正しいことをしていても無視しがちなのである。**

誰かが正しいことをしているのを見たら、職場であれ、家庭であれ、他の場所であれ、それを称賛し、場合によっては他の人の前でほめよう。

たとえば、お店のレジ係が丁寧に接客していたら、「気持ちのいい接客ですね」とほめればいいし、状況次第では、それを周囲の人に聞こえるように言ってもかまわない。

もちろん、子どもが正しいことをしているのを見かけたら、それをほめるべきだ。

格言にあるとおり、いいことも悪いことも、それに対してなんらかの報酬を与えると繰り返されるものである。

人を動かす達人は、よい振る舞いに称賛という報酬を与えることによって相手の気分をよくするのがとてもうまい。さらに、素晴らしい振る舞いを事前に称賛することも効果的だ。相手に理想を追求する機会を与えることができるのだから。

26 「ありがとう」だけでなく、気の利いた短い言葉を添える

感謝の言葉は多大な影響力を持っている。

それについてはすでに述べたとおりだが、もう少し補足しよう。

相手との取引を完了したら、たんにお礼を言うだけではなく、気の利いた短い言葉を添えると効果的である。

心をこめてほほえみながら、「お買い上げいただいて、とてもうれしいです」「心のこもった素晴らしいサービスをありがとう」と言うといい。あなたは相手の顔に笑みが浮かぶことに気づくはずだ。

ごく簡単な言葉を添えるだけなのだが、それがその他大勢との違いを生み、相手の脳裏に素晴らしい記憶が残る。

相手は次の取引の際により いっそうの努力をしてあなたを喜ばせようとしてくれるに違

いない。

最後に、ひと言。

あなたが貴重な時間を割いて読んでくれていることに心から感謝したい。

本当にありがとう。

第4の原理

適切な雰囲気をつくる

27

笑顔で相手の協力を引き出す

これから気難しい見込み客と商談を開始しなければならないとか、無愛想な店員を相手に、レシートがないのに商品の交換を依頼しなければならないという状況を想像してみよう。

そんなときに相手が笑みを浮かべて協力してくれるなら、こんなに快適なことはないが、現実にはなかなかそうはいかない。私たちは日常的にこういう難しい局面に遭遇し、ストレスを抱えながら毎日を送っている。

いい方法がある。短期的にも長期的にも、自分のニーズを満たしてくれるような反応を引き起こしたいなら、相手がそうしてくれることを予想して行動するといい。つまり、自分が望んでいるものを相手が与えてくれることを確信しながらアプローチするのだ。

ばかばかしいと言う前に、次の事実を心に留めてほしい。

あなたが相手の協力を予想したからといって、相手が変わるわけではない。それはあなたを変えるのだ。そして、それが相手を変えるのである。

つまり、自分の心の中で相手の協力的な姿勢をあらかじめ想定することによって、あなたはそれにふさわしい態度をとるようになる。あなたがそれによって変わることで、相手が態度を変えるように働きかけることができるのだ。

なぜなら、相手の協力的な姿勢に対して事前に感謝の気持ちを表せば、相手はそれに応じようとするからだ。

つまり、あなたが相手の問題解決能力に敬意を表すれば、相手は高い評価を与えてもらっていることを感じ取ってモチベーションをアップさせるのである。

同じ状況に対する次の２つのアプローチを比較し、その結果を考察してみよう。

あなたは問題解決のために役所に行って担当者に面会するように指示を受けた。ところが、その人はとても厳格で、規則どおりになんでも処理しようとするタイプらしい。あなたは口論になることを予想して身構え、相手への嫌悪感を隠しつつも険しい表情で話し合いをはじめる。

しかし、もし相手の好意的な姿勢を予想しながら笑みを浮かべて丁寧にあいさつをしたらどうなるだろうか。

どちらの態度が人を味方につけるのに役立つだろうか。人を動かすという目的に合致するのはどちらだろうか。

後者であることは言うまでもない。このやり方は事実上すべての状況で、ほとんどの人に驚異的な成果をもたらす。


そんなことはありえないと決めつける前に、何度か真剣に練習してみよう。気難しい人との接し方が変わって驚くほど成果が上がるに違いない。さらに、自分の態度がずっと建設的になり、ストレスが激減することに感動するだろう。これは間違いなく人を動かす最強の方法のひとつである。習慣になるまで何度も練習するといい。

相手に対してポジティブな予想をすることは、生涯を通じて大きな恩恵をもたらす習慣である。あなたはいつもその素晴らしい効用を目の当たりにし、つねに驚異の念を抱くことになる。

さて、この方法を使って相手の協力的な姿勢を引き出す際に、あなたは笑顔の重要性に気づいたかもしれない。笑顔ですべてが解決するわけではないが、人間関係を構築したり対立を解消したりするうえで、心のこもった温かみのある笑顔ほど大きな力を発揮するものはたぶんない。

取引の前に相手にほほえみかけよう。そうすれば、たいへん好意的な雰囲気をつくることができる。

仕事であれプライベートであれ、人間関係の試練の大半は、笑顔と相手への気づかいでたいてい平和裡に解決するものだ。ほとんどの人がそれを実行していないという現実は、あなたが容易にその他大勢から抜け出せることを意味している。

なんらかの問題が起きて相手の上司と話をしなければならないとき、あなたの笑顔は相手の抵抗をやわらげ、双方が得をする話し合いにつながって好結果をもたらす。

なぜなら、そういう状況で大多数の人は怒りながら相手を威嚇するような目でにらみつけるが、あなたは包み込むような優しい笑顔で相手を迎え入れるからだ。

ダニエル・ゴールマンは『ＥＱ　こころの知能指数』の中でこう言っている。

「ほほえみはすべてのシグナルの中で最も影響力が強く、相手がほほえみを返したくなるように働きかける強い力を持っている」

まったくそのとおりだ。

人間関係に関するどんな良書を読んでも、ほほえみが持つ力について少なくとも一節は必ず指摘していることがわかる。実際、たとえば、デール・カーネギーは『人を動かす』の中で、心のこもったほほえみの力が持つ大きな影響力についてまるまる1章を割いているほどだ。


幸い、上手にほほえむ方法を学ぶことはとても簡単である。しかし、どうしてもできないなら、思わず嬉しくなるようなことを想像するといい。何度か練習すれば、自然に笑みを浮かべることができるようになる。

とくに理由がないのに笑みを浮かべる人はごくわずかしかいない。しかし、あなたはそうであってはいけない。誰かと話をする際には、笑みを浮かべる習慣を身につけよう。上司、配偶者、子ども、役人、給仕係、販売員など、すべての人に対してそれを心がけるといい。相手はあなたに好意を抱いてほほえみを返してくれるはずだ。
次のことを覚えておこう。

笑顔はポジティブな環境をつくる究極のツールである。

いつもこのシンプルな行為を実践すれば、驚異的な成果を上げることができるだろう。どの人からも特別扱いされて喜びを感じるに違いない。誰からも手厚くもてなしてもらえるのは、誰もがあなたの笑顔によって好影響を受けるからだ。

28

自分が緊張していることを知らせる

小学4年生の初日、ケイドリック先生という気品のある美人（当時、彼女は23歳だった）が私たちの前に立って自己紹介をした。彼女の笑顔はとても素敵だった、というか、性格も立ち居振る舞いもすべて最高だった。

先生が発した最初の言葉は、忘れもしない教訓を教えてくれた。

「みなさんに知ってほしいことがあります。私は大学を卒業したばかりで、これが初めてのクラスなものですから、今、とても緊張しています」

クラス全員が静まり返った。

「えっ、なんだって?」と、どの生徒も心の中で思ったはずだ。「先生がとても緊張している? いったいどうして?」

先生はとっさに機転を利かせたのだ。じつにみごとと言わざるをえない。これはあなたも困難な状況で活用できる技術である。

先生は恐怖心を抱いていることを素直に認め、それをクラス全員の前で打ち明けた。そうすることによって、困難な状況で生徒たちを味方につけたのである。

私たち生徒はこの新人の先生に共感を覚えた。先生は一瞬で私たちの心をつかんだのだ。先生が生徒たちの前で緊張しているなんて信じられなかったが、試練に立たされているこの若い先生を誰もが応援したいと思った。

仕事であれプライベートであれ、私たちは自分が緊張しているのを認めることができず、警戒心を解かないことがよくある。そんなことをしたら相手の餌食になることをおそれているからだ。

言い換えると、緊張していることがばれると、相手は尊敬してくれなくなり、いいようにされてしまうのではないかと不安に思ってしまうのである。

しかし、私が知るかぎり、そんなことはない。**ほとんどの場合、たとえ自分が緊張していることを知られても、人々は最善を尽くしてあなたを落ち着かせ、応援してくれるし、たいてい味方についてくれる。**もちろん状況によって異なるから、それぞれの状況を的確に見極めなければならない。実際、緊張しているのを悟られないようにするのが適切な場合もある。
一般的に、人々は、ときには自信がなさそうで人間味のある人に親しみを感じるものだ。逆に、如才ない人はいかにも強そうな印象を与えるが、完璧すぎて面白味に欠ける嫌いがある。

ペンシルベニア大学ビジネススクールのアダム・グラント教授は名著『「与える人」こそ成功する時代』(三笠書房)の中で、これを「頼りないコミュニケーション」と呼んで高く評価している。謙虚で正直であるかぎり、少し弱い部分があるほうが相手に受け入れられて信頼されやすいというのだ。こういう頼りないコミュニケーションこそが実際には力強いコミュニケーションだと言えるかもしれない(ただし、グラント教授は「弱みを見せるのが効果的なのは、相手があなたの基本的な能力を認めているときに限定される」と付け加えている)。

自信にあふれ、しっかり準備をし、卓越していることが勝利への道であることはたしかだが、なんらかの理由で圧倒されて自信が持てず、少しおじけづいているときは、正直にそれを認めて人々を味方につけよう。

29 「あなたの意見に賛成だ」と言ってから自分の意見を伝える

誰かと知的な議論をするなら、まず双方の意見が一致している部分からはじめよう。そうすれば、相手はあなたがたんに論戦を繰り広げて勝ちたがっているのではないことに気づいてくれる。

さらにもっと重要なのは、意見が違っていても同じ目標をめざしていることを双方が確認することだ。そのほうが相手にとって提案を受け入れやすく、対立関係に陥らずに協力関係を構築することができる。

自分の主張を展開したいなら、まずそうやって相手との協力関係を構築してからにすると効果的だ。相手はあなたと意見が一致していることをすでに確認しているので、あなたの主張を受け入れやすくなる。

この手法は心理学者のレイ・ランズバーガーにちなんで「ランズバーガー・ピボット方

式」と呼ばれている。つまり、バスケットボールのピボットフットのように片足を固定して軸足にし、もう片方の足を自由に動かすことである。この場合、相手と意見が一致している部分を前提にして、そこから議論を発展させることをさす。

激論になりやすい政治の分野を例にとって説明しよう。

たとえば、あなたは、大人なら自分で退職後の計画を選択すべきだと考えているとする。一方、あなたの友人は政府が高齢者の面倒を見るべきであり、現行の社会保障制度が有効だと考えていて、「大勢の人が自力で老後の生計を立てられない現実を無視するとは、なんて薄情な人だ！」とかみつく。

あなたの友人は問題の核心からはずれて個人攻撃をし、敵対的な状況をつくり出しているのだ。あなたはすっかりプライドを傷つけられ、「現行の社会保障制度は一般大衆からお金を無理やり騙し取るネズミ講のようなものだ。制度を維持するために掛け金を搾取する今のやり方では、貧しい人はますます貧しくなるだけではないか！」と怒鳴る。

さて、相手があなたの主張を受け入れる可能性はどのくらいあるだろうか。あまりないと言わざるをえない。あなたはただ議論をしているだけである。あなたは相手が間違っていると決めつけ、相手はそっぽを向く。

人々は事実では動かされない。人々を動かすのは「人」なのだ。それを肝に銘じる必要がある。


別のやり方を紹介しよう。今度は敬意を示しながら冷静な声で、双方の意見が完全に一致している前提部分からはじめるといい。「ジョン、君の考えはよくわかるよ。私も君と同様、人々が高齢になってお金がないために苦しんだり、社会や家族のお荷物になったりする国にはなってほしくないからね」と言おう。

相手もその意見には賛成だから、それを実現する方法について、あなたの提案を知りたがるに違いない。相手は怒るどころか興味を示し、「なるほど、わかった。でも、この制度に何年間もお金を払ってきた人たちが、退職してからその掛け金を確実に受け取るようにするにはどうすればいいだろうか？」と質問するかもしれない。

もしあなたが事実を把握しているなら、冷静かつ親切に、相手に敬意を示しながらその事実を指摘するといい。相手は賛同するかもしれないし、しないかもしれないが、それは相手の自由である。だが、もしあなたが同じ目標を共有しているという前提を示さなかったら、相手は初めからあなたの話を聞こうとすらしなかっただろう。

まず、「私もあなたと同様」と切り出し、それから自分の好きなように主張を展開しよう。きっと相手は驚くに違いない。なぜなら、あなたがいきなり議論をはじめると想定していたのに、意外にも意見が一致している部分から話をはじめたからだ。その結果、相手はそれほど身構えることなく、あなたの反対意見に心を開くことができる。

以上の例のように、「あなたの言いたいことはよくわかる」という意味の前置きの言葉を使っていることに注目してほしい。あるいは、「なるほど、そうですね」「まったく同感です」「お気持ちはよく理解できます」といった表現も効果的な前置きの言葉だ。

ランズバーガー・ピボット方式は政治だけでなく事実上すべての状況で大きな効果を発揮する。**まず、双方が基本的な前提と最終的な目標を共有していることを指摘しよう。そして、気配りをして相手に敬意を払いながら事実を伝えるのである。**

このやり方を会得すれば、あなたの影響力は飛躍的に高まるはずである。

30 自分ではなく相手の利益を優先しているという姿勢を見せる

私はよく気晴らしに近所のダンキンドーナツに行ってドーナツとコーヒーを注文し、しばらく読書を楽しむ。

ここは新しい店で、オープン初日には芸能人をゲストに呼んで特製のトラベルカップを無料で配っていた。

ところが、それが大量に残ったので、従業員は行列に並んでいる人たちに配ることにした。副店長はとても気さくな若い女性で、「昨日の残り分をお分けしています」と言いながらトラベルカップを配っていた。

たしかにやっていることはよかったのだが、人間関係を築くうえではあまり効果的ではなかったように思う。

当然だろう。彼女のセリフはたんなるお店の都合であって、客にはなんのありがたみもなかったからだ。要するに、「昨日すべて配りたかったのですが、それができなかったので、今、こうして処分しているのです」と言っているに等しいのである。

むしろ、「このトラベルカップは大切なお客さまへの感謝のしるしです。これを使っていただければ、いつまでも熱いコーヒーをお召し上がりになれます」と言って友好的な姿勢を前面に押し出すべきだったのだ。さらに、笑顔をふりまけば、もっと素晴らしい効果が得られたと思う。

もちろん、彼女がどんなセリフを言おうと、トラベルカップそのものの価値は変わらない。しかし、客にどういうメッセージを伝えるかによって印象は大きく変わる。

つねに次のことを覚えておいてほしい。

何かをするときは、自分の都合ではなく相手の気分を考慮しなければならない。

仕事であれプライベートであれ、相手に何かを伝えるときはそれを覚えておこう。人々はあなたの都合よりも自分の気分を優先する。人を動かす達人はつねにそれを念頭においてコミュニケーションを図っている。

31 敵対的な相手には「どうすれば力になれるか？」とたずねる

「どうすればお力になれるでしょうか？」

これは、教育カウンセラーのジェニー・アルトシュラーさんが怒り狂っている親と面談するときによく使うセリフである。

アルトシュラーさんは困難な教育現場で働いている。彼女の役割は、正当な理由があるかどうかに関係なく腹を立てている親と話し合うことだ。

だからこそ、適切な心理状態をつくり出すことがたいへん重要になってくるのである。多くの場合、親はすでにネガティブな心理状態に陥っているので、それをリセットする必要があるのだ。

アルトシュラーさんによると、「クレームを言いに来る親の大半は、相手が自己弁護をしようと躍起になっているのを見て余計に腹を立てる」という。

彼女の指摘は深い意味を持つ。しかし逆に言うと、抜きん出た存在になることがいかに簡単かということを示している。

「そこで」と彼女は話をつづける。「私はいつも友好的で、冷静さを保ち、思いやりを持って、『どうすればお力になれるでしょうか？』と問いかけるようにしています。言い換えると、**子どもを含めてすべての関係者が困難な状況を打開するために、どうすれば力を合わせることができるか、ということです**」

なるほど、これは素晴らしいやり方だ。

彼女のやり方は有名な交渉術によく似ている。難しい相手と対面すると、交渉の達人は「○○さん、この話し合いによってどんな成果を上げたいですか？」と問いかけるのだ。

交渉の達人によるこの冷静な質問は相手の意表を突き、どんなやりにくい人に対しても取り乱さず、お互いの利益になるような話し合いをする姿勢を伝えるのに役立つ。

人を動かすときは、自分の感情をコントロールして冷静な態度で「どうすればお力になれるでしょうか？」と質問しよう。そうすれば、相手は前向きな姿勢でその質問に答えようとするから、双方に利益をもたらす対話が成立しやすくなる。

32

相手の言い分をまず認める

伝記を読むと、リンカーンは人を味方につける達人だったことがわかる。

リンカーンは大統領になる前に弁護士としてたいへん成功していた。陳述の準備を入念におこない、事実を提示することに長けていたが、依頼人を圧倒的優位に立たせるためにいつもあることをした。

リンカーンは冒頭陳述でまず相手側の言い分を要約したのである。相手側の立場の有利な部分を指摘し、それが一考に値することを主張したのだ。実際、もしあなたがそのときに法廷に立ち入ったら、リンカーンがてっきり相手側の弁護をしているような印象を受けるに違いない。

リンカーンはそうすることによって裁判官と陪審団に自分の信頼性を確立し、原告と被告の双方が正当な見解を持ち、自分が真実だけを求めていることを実証したのである。

そして、いよいよ自分の依頼人の弁護をすると、リンカーンは要点を押さえながら事実を次々に指摘した。彼にそんなことができたのは、すでに裁判官と陪審団に対して信頼性を確立していたからだ。

裁判官と陪審団は、彼が相手側の主張に信頼性を与えていたので、自分の依頼人についても正直に話しているに違いないと判断したのである。

嬉しいことに、あなたもこの方法を活用することができる。

意見が対立している相手の警戒心をやさしく解いて味方につける最も効果的な方法のひとつは、まず相手の言い分を指摘することである。

相手に賛同している部分を発見して指摘しよう。相手の気持ちを理解しているだけでなく、相手の意見が理にかなっていることを示すのだ。そして、「あなたは理にかなった議論をしていて、それは一考に値します」と言うといい。

これで相手は安心するから身構えなくなる。あなたに論戦を挑まれて間違いを指摘されるという不安から解放されるのだ。

相手はあなたに敬意を抱き、あなたの意見に心を開く。実際、相手はあなたの主張を擁護してくれるはずだ。当然だろう。あなたは相手に敬意を示し、相互理解の精神にもとづく親切な態度をとっているのだから。

自分と相手のどちらを選ぶかを委員会に持ちかけたり、配偶者や友人との問題を解決したりするとき、リンカーンのやり方をまねるといい。

〔注意〕

これまでずっと相手と議論の応酬をしていたなら、相手があなたの新しい態度を受け入れるまでに少し時間がかかるかもしれない。しかし、がっかりする必要はない。

相手はあなたがなんとしてでも議論に勝つという態度ではなく、真実を求めていることにすぐに気づくはずだ。

カギを握るのは謙虚さであり、それが効果的なコミュニケーションにつながる。たんに議論に勝つことではなく真実を求めているなら、人々はあなたの意図を理解し、あなたの立場を受け入れてくれる。

相手の意見に敬意を示し、気配りをしながら話を進めよう。そうすれば、すんなりと主張を受け入れてもらえることに気づくはずだ。

第5の原理

共感を示して
気配りを心がける

33

いやなことを言われたら視点を変える

哲学者のバーノン・ハワードはこう主張している。

「ロボットに失礼なことを言われても、あなたは気分を害しないだろう。なぜなら、たんなる機械にプライドを傷つけられたとは感じないからだ。しかし、あなたはほとんどの人が機械的に行動する傾向があることを知らないから、誰かに何かを言われるたびにプライドを傷つけられたように感じてしまう。人間の性格を根底で動かしている機械を深く見通すことができれば、誰に何を言われようと気分を害することはない」

人間をたんなる機械とみなすべきかどうかは議論の分かれるところだが、彼の指摘はたいへん興味深い。

誰かが失礼なことを言ったとき、たぶん私たちはそれを自分への個人攻撃とみなす。その結果、自尊心が傷ついて一日が台無しになるおそれがある。

そこで、その状況を逆転して自分に有利な展開にするにはどうすればいいかを考えてみよう。個別の状況は多種多様だが、一般論としては次のような方法がある。

---

1 忍耐力を鍛える絶好の機会とみなす。
2 感情的に反応するのではなく、理性的に対応する練習をする。
3 こんな哀れな人と同じ問題を抱えていないことに幸せを見いだす。
4 こんないやな人を味方につけることができたら素晴らしいと思って、そのための計画を立てる（もちろん、時と場合による）。

今後、自分にとって不快な状況に遭遇したら、視点を変えて適切な雰囲気をつくることができないかどうかを考える習慣を身につけよう。

上司、配偶者、子ども、友人、顧客と問題を抱えているなら、どうすれば適切な雰囲気をつくることができるかを考えよう。**起きてしまったことは変えることができない。しかし、解釈を変えれば、不快な状況でも有利な展開につなげられる可能性がある。**

それをする度合いに応じて、あなたは人を動かす能力をどんどん伸ばすことができる。

34

プライドを傷つけないように叱る

相手を注意したり叱ったりする必要はあるのだろうか。

やはり、ある。私たちは人間だから、ときには間違いを犯してしまう。多くの場合、その繰り返しを避けるひとつの方法は、誰かがそれを指摘することである。だから、たとえば、遅刻しがちな部下に対して黙っているなら、管理職としての職責を果たしていないことになる。

自社の販売員が顧客に間違った情報を不用意に提供していると耳にしたとき、もし誰もそれを指摘しないなら、顧客が迷惑をこうむるだけでなく、会社全体にとってもマイナスになる。

同僚が料金交渉をせずにたくさん払ったり、子どもが重要なルールを破ったりしたら、誰かが注意したり叱ったりするのは当然のことだ。

そこで、本当の問題は、注意や叱責の必要があるかどうかではなく、指示をすんなり受

け入れて本心から改善したいと思わせるような方法で注意や叱責をすることは可能かどうか、ということである。

答えはイエスだ。ただし、相手のプライドを傷つけないように気配りをすることが絶対条件である。

「せっかく正しいことを言ってあげているのに、なぜ素直に受け入れようとしないのか不思議でしかたがない」と言う人がよくいる。

あるブログ読者は「わが子であれ社員であれ、相手のためを思って言っているのですが、いつもへそを曲げられてしまうので困っています。いったい、私のどこがいけないのでしょうか？」とたずねてきた。

この人の言っていることはよくわかる。自分の大切な人が理解してくれる効果的なコミュニケーションの方法を知りたがっているのだ。

人々が相手の言い分を気持ちよく受け入れるかどうかは、最終的に論理よりもプライドの問題である。

だからこそ、多くの人は頭ごなしに注意されたり叱責されたりすると反発するのだ。たとえそれが理にかなっていると わかっていても、必死で自分のプライドを守ろうとするのである。

一般的に言って、注意されたり叱責されたりするのを心から楽しむ人はいない。私自身、誰かに注意や叱責をされて「私のやり方のまずさを指摘してくれてありがとう。とても嬉しいよ」と言ったためしがない。

私は何年も前に父から「気配りは人を動かす基本である」という真実を学んだ。気配りをしながら提案や要望を伝えると、相手は喜んで心を開いてくれる。しかし、気配りを怠ると、相手はたちまち心を閉ざしてしまう。

最初のうちは意識的に気配りをする練習をしなければならないが、すぐに自然にできるようになる。しかも、その成果に感動するはずだ。

気配りをする最初のステップは、話す前に考えることである。自分がこれから言うことを心の中でチェックするのだ。そして、それを口に出す前に自分の発言を調整するのである。「これから言うことに対して相手はどんな感情を抱くだろうか?」と自分に問いかけるといい。

まず自分の感情をコントロールすれば、それをうまくすることができる。

次のステップは、相手のプライドを尊重しながら適切な方法で適切な言葉を使うことである。

早く向上するためには、会話のあとで自分のやり方を振り返ることだ。

・話す前によく考えたか？
・相手の気持ちを配慮したか？
・親切な態度をとったか？
・前向きな気持ちで話したか？
・表情と言葉が一致していたか？

実際に使う言葉は、その裏にある気持ちほど重要ではない。とはいえ、適切な言葉を使うことはとても重要である。**正しい意図ではじめるなら、適切な言葉が自然と口をついて出てくる。**気配りとともに共感を示すように提案しているのは、そういうわけだ。

気配りの利いた言い方の実例を紹介しよう。

「提案してくれてありがとう。われわれがめざしている方向性とは必ずしも合っていないかもしれないが、関心を持ってくれていることには感謝しているよ」
「それはたいへん合理的な考え方なので、じっくり検討したいと思います。具体的な方法があれば教えてください」
「がんばってレポートに取り組んだね。素晴らしいよ。あと少しだけ丁寧に書いて提出したら、先生はもっと感動して成績をうんと上げてくれると思うよ」

以上のような気配りの利いた言い方を参考にして、気配りの利いていない言い方とはどんなものかを自分に問いかけよう。そして、その2つを比較し、どちらが人を動かすうえで効果的かを考えてみるといい。

ただし、気配りの利いていない言い方とは、必ずしもひどい言い方という意味ではない。たんに言葉足らずで、相手の気持ちに対する配慮をうまく伝えていない冷淡な言い方であるかもしれない。しかし、それでも相手を傷つけてしまうから、あなたが意図している結果をもたらさない。成果を上げることに関するかぎり、ひどい言い方であれ、冷淡な言い方であれ、気配りの利いた言い方には遠くおよばない。

やはり、気配りは人を動かす基本である。

35

「同情」ではなく「共感」せよ

相手に共感を抱くことは、人を動かす達人になるためのカギである。共感はそれくらい大きな意味を持っているのだ。

嬉しいことに、共感は他の原理と同様、生まれつきの資質ではないが、ふだんの練習によって身につけることができる。

仕事であれプライベートであれ、どんな人間関係でも、共感は成功者と失敗者を分ける大きな違いである。相手に共感を抱き、その気持ちを伝える技術を持っている人は、そうでない人よりも人生で圧倒的優位に立つことができる。

もし相手が感じていることを見極めることができるなら、それを相手に伝えることが重要だ。相手の気持ちを理解することも大切だが、それだけでは十分ではないことを肝に銘じよう。相手の気持ちを理解していることを的確に伝えることがカギを握るのだ。

では、もし相手の気持ちがよくわからないなら、どうすればいいのだろうか。

たとえ相手の気持ちがよくわからなくても、共感を抱くことは可能である。共感を伝えるとは、相手の気持ちを完全には感知できなくても、相手が何かを感じていると自分が理解していることを伝えることである。

以前、私はフェイスブックで「共感とは何か」というテーマで話し合ったことがある。すると、カリフォルニア州のトム・シムズ牧師が「われわれの心の中につねに存在する痛みや苦しみの記憶を人類全体で共有して結束を深めること」と定義した。

なるほど、これは素晴らしい定義だ。

共感を抱きながら話に耳を傾けると、相手は本当に聞いてもらっていると感じることができる。話を聞いてもらうだけでも、絶望が希望になり、困難を乗り越える決意をすることができる。


では、共感と同情の違いはなんだろうか。

共感とは、相手の気持ちを理解し、いっしょに解決策を模索することだ。一方、同情とは、相手の気持ちを察するあまり、自分も問題を抱えて手助けできなくなることである。

たとえば、観光船で旅を楽しんでいるときに、船酔いで苦しんでいる人に出会ったとしよう。もしその人に共感するなら、相手の気分をやわらげ、酔い止めの薬を渡し、医者を呼ぶことができる。しかし、もしその人に同情するなら、自分も同じように気分が悪くなって、相手にとっても自分にとっても困ったことになる。

同情はたしかに崇高だが、必ずしもそれに焦点を当てるべきではない。もし相手の役に立ちたいなら、共感のほうがはるかに建設的である。なぜなら、相手に焦点を合わせ、そこから解決策を模索できるからだ。

36 前置きの言葉でやわらげてからアドバイスする

多くの人は他人のアドバイスを受け入れることに大きな抵抗を感じる。ところが現実社会では、もし何かがうまくできないなら、周囲の人の指導を受ける必要がある。

では、アドバイスをすんなりと受け入れてもらうにはどうすればいいか。

手軽にできてたいへん効果的な方法は、前置きの言葉を添えることである。**気配りと共感を伝える方法として活用すると、魔法のような効果を発揮する。**

前置きの言葉とは、アドバイスに対する抵抗を弱める簡潔なセリフのことである。それを添えると、相手は抵抗なくアドバイスを受け入れてくれる。

効果的な前置きの言葉をいくつか紹介しよう。それぞれの発言の前半部分がそれに該当する。

「ふと思ったのですが、……のほうがいいかもしれません」

「少し考えてみたのですが、……したらどうでしょうか」

「いろいろ考えましたが、……するほうが得策ではないでしょうか」

「個人的な意見ですが、……するとうまくいくように思います」

「間違っているかもしれませんが、……ではないでしょうか」


さらに、こんな言い方をすれば、相手はたいてい心を開いてアドバイスを受け入れる。

「これについてはあなたのほうが私よりもよく知っていると思うのですが、私としては……ではないかと考えています」


人を動かす達人の多くが、アドバイスをするときにうまく前置きの言葉を添えている。現実を直視しよう。苦い薬も甘い味付けで飲みやすくなる。

前置きの言葉を添える大きなメリットは２つある。

１　相手の心を開かせる。前置きの言葉を添えることで、あなたのアドバイスをより耳ざわりのいいものにすることができる。

プライドが邪魔をしてアドバイスを素直に受け入れられないことがあまりにも多いのが実情だ。前置きの言葉は衝撃を吸収するクッションの役割を果たすから、相手のプライドを傷つけずにすむ。つまり、あなたは自分が正しくて相手が間違っていると言っているのではなく、自分が間違っているかもしれないとまず認めて相手を安心させているのだ。

前置きの言葉によって、相手はあなたのアドバイスを疑うどころか、心を開こうとするだろう。信じられないかもしれないが、これは絶大な効果がある。

2　自分の心を開く。前置きの言葉のもうひとつの効果は、自分が本当に正しいかどうかを自問するきっかけになることだ。その結果、私たちは不正確な発言を避けるようになり、正しい発言をする人という評判を確立することができる。

37 批判者を称賛して攻撃をかわす

人を味方につける技術を熟知していたリンカーン大統領の興味深いエピソードを紹介しよう。

ある役人が大統領の決定を激しく批判したとき、リンカーンは記者の質問に対し、「私はその人を尊敬していますから、もしその人が私について発言するなら、一理あるに違いないと思っています」と答えた。リンカーンのこの配慮ある発言は相手の攻撃を巧みにかわし、味方と敵の両方の心をつかんで、より重要な問題に集中して取り組むのに役立った。

こんなふうにしてリンカーンは自分への攻撃を巧みにかわしたのだ。

ボクシングの試合を観戦していると、一方がジャブ（小刻みに放つストレートパンチで、たいてい左手を使う）で攻めると、もう一方はパンチが届く寸前まで冷静に待ち、右手の手首を返して軽くはじいているのがわかる。相手のパンチが強烈であればあるほど、それをはじいて身の安全を確保するのはたやすくなる。

誰かが何かを言ってきたとき、あなたはすぐに応戦しようとするかもしれない。だが、それでは相手の攻撃を巧みにかわすことはできない。それどころか、場合によっては火に油を注いで全面対決の様相を呈するおそれがある。だから、そんなときはリンカーンのやり方を思い出そう。相手をたたえて人を味方につけるのだ。

次の2つの方法のどちらかを使ってみよう。

1　批判者を好意的に評価する。誰かがあなたを批判しているという噂を聞きつけたら、批判者を称賛し、「あの人がそう言っているのなら、指摘された点を考慮しようと思います」と言おう。

そうすれば、その噂を伝えてきた人の気持ちを落ち着かせることができる。その人はあなたと議論することができなくなる。なぜなら、あなたは礼儀正しく議論を拒否したからだ。しかも、その人は批判者を含めて誰にもあなたの反論を伝えることができない。なぜなら、あなたはひと言も反論していないからだ。

できればリンカーンのように、最初に「私はその人を尊敬しています」と言うといい。そうすれば、あなたの立場はよりよくなる。しかし、どうしてもそれが心情的にできないなら、無理にする必要はない。**大切なのは、あなたが批判者と同じレベルに身を落とさずに毅然とした態度をとることだ。**そんなときは、「私はそうは思いませんが、ご意見は真摯に受け止めます」と言えばいい。あなたは批判者に賛同しているわけではなく、かといって反論しているわけでもない。

2 批判者にお礼を言う。もし誰かがあなたを直接批判したら、「一理あるかもしれませんので、考慮させていただきます」と言うといい。もしそういう言い方が状況にそぐわないなら、たんに「ご指摘いただきまして、たいへんありがとうございます」とだけ言おう。もっと言うべきかどうかは、それから決めればいい。攻撃をすんなりかわすためには、たんに「ご意見を参考にさせていただきます」とだけ言うと効果的だ。

もちろん、何を言われても主張も反論もせずに耐えるべきだと言っているわけではない。場合によっては、断固たる態度をとることも必要かもしれない。しかし、攻撃を巧みにかわすことによって、傷つけたり反感を抱いたりせず、相手と適度な距離をとって双方の利益になる回答を模索することができる。
この分野の能力を高めるには3つの方法がある。

1　深刻さの度合いに関係なく、対立しそうになったときはつねに相手の攻撃を巧みにかわす練習をする。
2　意見が対立しているときは相手をよく観察する。相手は巧みにかわしているか、激しい言葉で応酬しようとしているか、どちらだろうか。
3　テレビの討論番組を見て、その力学を観察する。相手の攻撃を最も巧みにかわしているのは誰かを見極め、同様の状況でその人のやり方をまねよう。

相手の攻撃を巧みにかわすテクニックを身につければ、それが人間関係において最も効果的で楽しい技術のひとつであることがわかるだろう。なぜなら、労せずして人を味方につけることができるのだから。

38

ライバルを称賛して見込み客に好印象を与える

前項で紹介したリンカーン大統領のエピソードは、対立する相手だけでなくライバルを称賛することの素晴らしさを思い起こさせてくれる。それによってあなたが損をすることはないし、見込み客に好印象を与えることができるからだ。

実際、ほとんどのセールスマンはライバルの悪口を言ってはいけないと教え込まれている。そんなことをすれば、みっともないだけだからだ。

しかし一方で、ほとんどのセールスマンはライバルを称賛してはいけないとも教え込まれている。私はこの指導に異議を唱えざるをえない。それと正反対のことが私のセールスマンとしてのキャリアの中で役立ったからだ。

見込み客と話をしていてライバルの話が出てくると、私は必ずそのライバルを称賛するようにしていた。

私がナイスガイだったからではない（そう思いたいところだが）。ライバルを称賛することによって、見込み客に好印象を与えることを知っていたからだ。

見込み客がライバルの名前を出したときにあなたがその人をほめると、見込み客はあなたのことをどう思うだろうか。

1　この人は自信にあふれている。自分が損をするかもしれないのにライバルを称賛するくらいだから、かなりの自信があるに違いない。

2　この人は成功している。かなり自信があるようだから、さぞ成功しているに違いない。実際、成功していない人は、ライバルを称賛するだけの精神的余裕がない。

もちろん、ライバルがあくどいことをしているという確証があるなら、ウソをついてまで称賛する必要はない。その場合、何も言わなければいい。

しかし、ライバルが称賛するに値すると思うなら、大いに称賛しよう。そうすることによって、相手のあなたに対する印象はたいへんよくなる。

39 交渉の最中でも相手への気配りを忘れない

友人や知人との議論であれ、企業間の交渉であれ、売り手と買い手の取引であれ、話し合いの最中に気配りをすることと譲歩することはまったく違うことを知っておこう。だからといって、譲歩してはいけないというわけではない。それどころか、たいていの場合、譲歩は他人とうまくやっていくうえで不可欠な要素である。もちろん、自分の決定に従って譲歩しないことは重要だが、その場合でも不愉快な印象を与えずに反論することはできる。

気配りをして親切に振る舞ったからといって、相手に譲歩しているわけではない。交渉の過程で、自分の原理原則を曲げるのはよくない。

経営コンサルタントのメアリー・モーガンが「どんなに厳しい交渉の最中でも気配りを

忘れてはいけない」と言っている。

これは名言だ。実際、私の経験と観察でも、人とのやりとりで気配りをすればするほど目的を達成しやすくなる。**気配りをすると相手は余計な警戒心を解くことができる。そして、そこから道が開けることがよくある。**

自分の原理原則に従うことは素晴らしいが、気配りを忘れてはいけない。

40 相手のために逃げ道をつくっておく

「お宅の近所に野良猫がいるわよ。しばらく食べてないみたいね」

近所の女性がそう教えてくれた。外に出て周囲を見ると、50メートルほど離れた茂みの中に1匹の可愛らしい子猫がいた。やせ細っていて、いらだっているように見えた。

紙のお皿に水を入れてやっても、私がそばにいると飲もうとしなかった。しかし、その場を立ち去ると、近寄ってきて水を飲んだ。

次に、キャットフードを与えることにしたが、やはり私がそばにいると食べようとしなかった。しかし、その場を立ち去ると、近寄ってきて食べた。

なるほど、そういうことかと納得した。直接食べさせることができる日が来ることを願いつつ、お皿を少しずつ自宅に近い場所に置いた。私がその場を立ち去ると、猫は逃げ道を確保できたと確信し、近寄ってきて食べた。

1週間もしないうちに、私がガラス戸の中に入っているかぎり、猫はテラスにまで来て食べるようになった。しかし、猫は警戒心を解かず、食べるときも絶えずこちらをうかがって、逃げ道がふさがっていないことを確認していた。

1週間後、猫はついにわが家の中に入ってきて、ガラス戸のそばに身を寄せた。ただ、猫はガラス戸が開いていて逃げ道があることを確認していた。

そこで、私はガラス戸を閉めて、猫がずっと家の中にいつづけるかどうか実験しようと思った。猫を驚かせないようにゆっくりとガラス戸を閉めた。私はこの可愛らしい猫と恋に落ちていることを自覚し、その猫の彼氏になりたいと心に決めた。

私は猫の飼い方を知らなかった。動物好きではあるが、とりわけ犬が大好きだったのだ。実際、子どものころから、わが家ではいつも犬を飼っていた。だから猫についてはまったくわからなかった。

ガラス戸をゆっくり閉めると、猫は食べるのをやめて安全を確保するために猛スピードで外に出ようとした。しかし、その前に私は戸を全開にして猫が安心して食べられるように配慮した。

何度かそうやっているうちに、私が戸を閉めても猫は安心するようになった。2年ほど経った今、猫は私の愛する友達である。私は猫に餌をやり、耳の後ろをかいてやった。もちろん、猫がそういう気分のときだけだけれど。

この話のポイントは、猫はいつでも安心していられるように逃げ道を確保しておきたかったということである。実際に逃げるかどうかは別として、逃げ道があることが猫にとってはたいへん重要だったのだ。

じつは、これは人間も同じである。

見込み客はその典型だが、私たちがふだんの生活の中で動かそうとしている相手は、この猫と同じように感じている。

その人たちは必ずしも「ノー」と言いたいわけではない。「ノー」と言える余地があることを知りたいだけである。

「無理にとは申しません」

「今、よろしければ、ちょっとお話させていただきたいのですが」

「ご都合が悪ければかまいませんよ」

これらのセリフは逆効果のように聞こえるかもしれないが、実際には大きな効果を発揮する。

なぜか。

相手と対立しそうな局面になると、人々は無理やり何かをさせられるのではないかというプレッシャーを感じる。そのために自分の身を守ろうとして敵対的な態度をとりやすい。つまり、相手が勝てば自分は負けると思ってしまうのだ。

嬉しいことに、これに対処するための簡単な方法がある。誰かに何かをしてほしいのだが、無理やりさせられていると感じてほしくないなら、それをしなくてもかまわないということをはっきりと言葉で伝えるのが最善の方法なのだ。

言い換えると、相手のために逃げ道をつくっておくということだ。そうすれば、相手はあなたに対して安心することができる。自分に選択権があることを知ると、相手はプレッシャーを感じずにすむからだ。

たいていの場合、押しつけられたものに反発したくなるのが人間の本性だが、与えられた選択権が大きければ大きいほど、その選択権を行使する必要性をあまり感じなくなる。

つまり、相手のためにつくっておく逃げ道が大きければ大きいほど、相手はそれを使う必要性をあまり感じなくなるということだ。

あなたは相手のために逃げ道をつくっておくことでプレッシャーを取り除き、相手の立場を尊重したのである。これは相手を追い詰めるよりもはるかに素晴らしいやり方だ。あなたは相手があなたの提案に応じるかどうかよりも、相手を人間として大切に思っていることを伝えたのだから。

しかし、あなたは、相手に逃げ道を与えると、「ノー」と言われるだけだと思っているかもしれない。

ここで、よく理解してほしい。相手のために逃げ道をつくっておくのは、相手がそれを使うためではない。**あなたの目的は、相手に安心感を与えて逃げ道を使う必要性を感じなくさせることなのだ。**

もちろん、相手は逃げ道を使うことが自分の最大の利益になると感じれば、そうするだろう。しかし、たとえあなたが逃げ道をつくっておかなくても、結局、相手は同じことをするはずだ。

いずれにしろ、相手に決定をくださせることが重要である。

あなたの要求を受け入れてもらう可能性を高める最善の方法は、無理にそれをしなくてもいいという選択肢を相手のために準備することだ。

41 丁寧で上手な断り方を覚える

どうしてもしたくないことを頼まれたことがあるだろうか。

断るのは難しい。とはいえ、相手をがっかりさせたり自分勝手だと思われたりするのはいやだ。だからといって、「イエス」とは言いたくない。

断りたいときはたんに「ノー」と言えばいいというアドバイスをしてもらったことがあるかもしれない。たしかにこのアドバイスは一時的に気分を楽にしてくれるが、アドバイスするのは実際に「ノー」と言うよりもはるかに簡単である。

あなたは「ノー」と言って相手を怒らせ、多くのチャンスをふいにしたいだろうか。他人に親切にするという自分の価値観に反することをしたいだろうか。

たぶんそんなことはないだろう。もしあなたが頼まれたらいやとは言えないタイプならなおさらだ。

いいことを教えよう。あなたは「ノー」と言うことができる。しかも、相手に気配りをしながら親切かつ丁寧にそれをして、相手に気分をよくしてもらう方法がある。具体的にどうすればいいか。ある委員会の役員になってほしいと頼まれたが、なんらかの理由でそれをしたくないという状況を例にとってみよう。たんに「ご親切な提案をいただきまして、ありがとうございます。私はそれをやってみたいとは思いませんが、ご依頼をいただいたことはたいへん光栄です」と言えばいいのだ。

要は、親切心と感謝の気持ちを表現しながら断るということだ。

それともうひとつ大切なことがある。

断るときは言い訳をしてはいけないということだ。

「忙しくて時間がない」とか「そんなことをする資格がない」というようなことを言いたくなる衝動を抑えよう。**言い訳をすると、相手はあなたを説得するために反論したくなる。**そして、もしあなたがその反論に答えることができなければ、追い詰められて受け入れざるをえなくなる（うそつきだと思われたくないので）か、真実ではないことを言ったのを認めなければならなくなる。あなたは逃げ場を失い、相手はあなたに反感を抱く。

だから言い訳をしてはいけない。先ほど紹介したようなやんわりとした答え方をして、誠実な笑顔を見せれば、目的を達成することができる。

いつもこのやり方でうまくいくだろうか。答えはイエスだが、その条件として感謝の気持ちをこめて丁寧に伝えることが重要である。

もし相手が「そんなことを言わずに、どうかお願いします」「あなたのお力が必要なのです」と言ってきたら、あなたは誠実な笑みを浮かべて「残念ですが、お受けできません。お気づかいいただき、本当にありがとうございます」と言えばいい。

このセリフを聞けば、相手はあなたが申し出を受け入れる気がないことを理解するが、感謝の気持ちのこもった丁重で謙虚な姿勢に腹を立てることはないだろう。こういう如才ない答え方を覚えれば、いやなことをさせられずにすむ。

もちろん、「イエス」と答えるのが適切である場合もたくさんある。**しかし、「ノー」と言うべきときに「ノー」と言う習慣を身につければ、「イエス」と言うべきときに「イエス」と言う機会をより多く得ることができる。**しかも、より効果的に「イエス」と言うことができるのである。

42

信用できない相手には気配りしながら距離をおく

親切な心で気配りをして敬意を示すことと、利用されるのを許可することは同じではないと指摘したことを思い出してほしい。

あなたは、自分が相手に親切な心で気配りをして敬意を示す一方で、相手も同じようにしてくれるように働きかけなければならない。

しかし、もし相手がそういう考え方の持ち主でないならどうすればいいだろうか。「そんな相手とは取引をするな」と忠告する人もいるだろう。

たしかに、それは理屈の上では正しい。だから取引する相手を選べるときが来れば、実際にそうすればいい。

しかし、ほとんどの人にとって、さまざまな理由から、そういう状況でも取引をしなければならないのが実情だ（相手が違法行為をしていたり明らかにあなたを利用したりしているなら取引をしてはいけないが、ここではそういう場合を除く)。それは人間的な成長を遂げるうえでも好ましい。そういう相手からも学んで大きくなればいい。好ましくない相手に接するときは、次の3つの提案を参考にしてほしい。

1　自分の品位を保つ。つねに丁寧さと正直さを心がけ、良識を持って行動しよう。スティーブン・コヴィーが『7つの習慣』の中で「双方が得をしないのなら、取引をしてはいけない」と言っているとおりだ。相手が一人勝ちをするのではなく、自分にも相応の利益がなければ、わざわざ取引をする意味がない。

2　自分に害がおよぶおそれのあることを拒否する。相手の提案があなたにとって最善の利益ではないなら、気配りをしながら丁寧に断ろう。怒りを爆発させずに、本書で伝授しているような言い方をするといい。

3　用心を怠らない。いかなる理由であれ、相手が信用できないと感じたら、信用してはいけない。たいていの場合、その理由を伝える必要はないが、気配りをしながらそれを伝えなければならない状況もある。それはあなたが判断すべきことだ。

気配りをしながら不信感を伝えることもできる。

理不尽な要求をされたら、対立関係に陥らないように「それはちょっと困るのですが」と言うことが重要だ。

たとえば、「いっしょに仕事をするのはとても楽しいのですが、双方にとって利益になる関係にはなっていないような気がします」と言えばいい。あなたの穏やかな言い方を聞いて、相手は怒らずに状況を理解してくれるだろう。

人生は不条理に満ちている。だからこそ、私たちはあらゆるタイプの人を味方にする方法を知っておく必要があるのだ。

43

相手の話に耳を傾ける

相手の話に耳を傾けることは、人を動かすうえできわめて重要である。問題を解決しようとするのではなく、ひたすら相手の話に耳を傾けよう。それが成否を分ける。

たしかに、相手の問題を解決するために積極的に手助けすることが理にかなっていることもときにはある。**しかし、たいていの場合、相手の問題を解決しようとしないことが、問題を解決する最善の方法なのだ。**逆説的だが、これは真実である。

相手の話にじっくり耳を傾けることによって、問題はたいていすんなり解決する。結局、相手は話を聞いてほしいだけなのだ。つまり、自分の気持ちを打ち明けたいのである。その結果、自分で問題を解決して気分をよくすることができるのだ。

私はこの点についてずっと努力してきた。今でもそうだ。どうも私にはそれがうまくできないらしい。誰かが相談に来ると、私は問題を解決したくなる気持ちを必死で抑えて、相手の話に耳を傾けるように心がけている。

以前、講演旅行で手違いが生じて少し不便な思いをしたことがあった。私にとってはたいしたことではなかったが、会場担当者の女性は気まずい思いをしたようだ。そこで、彼女はこの状況を打開するために、私と私のビジネスパートナーであるキャシーに相談した。

3人で会議をしたところ、担当者の女性は自分の立場について話しはじめた。そのとき私は彼女を安心させるために、「それはあなたのせいではないから、心配しなくても大丈夫だよ」と言おうとした。

ところが、彼女は不安そうな表情で私の話をさえぎって話をつづけたのだ。

すると、キャシーが横から小さな声で「ボブ、今、彼女は話を聞いてほしいのよ」とささやいた。

まったくそのとおりだ。この会場担当者は話を聞いてほしいのである。自分のとった行動が周囲に誤解されていると感じて不安だったのだ。そこで、最後までじっくり彼女の話を聞いたところ、すべてうまくいった。

ときには、人を味方につける最も効果的な方法は、相手の話に耳を傾けることである。

44 人の話をさえぎらない、自分の話をさえぎらせない

頻繁に話をさえぎる人と話し合いをしたことはあるだろうか。

もしあるなら、さぞかしイライラしたことだろう。いくら正当な主張を展開しようとしても、相手は自分の意見を述べることに執念を燃やしているから、何か言うたびに話をさえぎる。

そういう場合、用心しないと、お互いに話をさえぎって怒鳴り合いにまでエスカレートしかねない。その結果、双方が相手の意見を聞かず、不愉快な思いだけが残って、次に会ったときに相手を動かすことがますます難しくなる。

では、このような事態を避けるにはどうすればいいか。

相手が何度も話をさえぎったときの効果的な対処法を教えよう。

まず、相手が意見を言い終わるのを待って、冷静かつ丁寧な口調で「このテーマに関するあなたの気持ちはよくわかりますが、相手の話をさえぎるのはお互いにとってよくないと思いますよ」と言うといい。

要するに、当初の話をつづけるのをいったんやめて新しいルールを打ち立てるのだ。つまり、**話し合いをつづけたいなら、途中で話をさえぎらずに最後までよく聞くべきだというメッセージを伝えるのである。**

そうすることによって、気配りをしながら正しい会話の仕方を示すことができる。

2つ目の方法は、話すのをやめて相手に最後まで話をさせることだ。そのあとで、イライラしている様子を見せずに自分の当初の思いをつづければいい。これを何度も実行すれば、おそらく相手はわかってくれる。

とはいえ、あなたの意見を聞きたくない人と対面することもあるという現実を知っておく必要がある。その人はとても意固地で、まるで検察官のようにあなたの発言にどんどん突っ込んでくる。

こういう場合、冷静さを保ちながら、「どうやら、この件に関するあなたの意見はもう決まっているようですね。あなたの意見を聞きたいのですが、私にも意見を言う機会を与えてもらえませんか」と丁寧に言えばいい。

人を動かす達人は相手の話を途中でさえぎるようなことをしない。だから、もし人を動かす達人になりたいのだが、相手の話をさえぎるクセがあるなら、今すぐにそのクセを直すべきだ。

じつを言うと、これは長いあいだずっと私の悪いクセだった。しかし、その破壊的な性質を理解したとき、すぐにこのクセを直す決意をした。

どうやって？

練習をたくさん積んだのだ。私はすべての会話で相手の話をさえぎらないことを目標にした。そして、電話やパソコンを含めて家中の目につく場所に「相手の話を黙って最後まで聞くこと」と書いた付箋紙を貼った。

うまくできたときもあれば、できなかったこともある。しかし、何度も練習をしているうちに、相手の話をめったにさえぎらなくなった。

おかげで、私のこのクセはほとんど過去のものとなった。今でもときおりしてしまうことがあるが、そんなときはそれに気づいて、すぐに謝るようにしている。そうすることによって自分のミスを認め、相手の立場を尊重していることを示し、会話の中でそれを繰り返さないようにすることができる。

あなたも私と同じことをするといい。努力するだけの価値は十分にある。相手の話をさえぎることほど、自分のコミュニケーション能力を損なうものはないといっても過言ではない。相手はイライラし、不快感を抱き、腹を立てるから、あなたの意見を聞き入れようとしなくなる。また、相手があなたに好意を抱く可能性も低くなる。

相手の話をさえぎるクセを直せば、周囲の人はあなたの聞く力を高く評価するだろう。

以前、私は「聞き上手ですね」とほめられたことは一度もなかった。しかし、この悪いクセを直して以来、よくそうほめられるようになった。

45
自分から友好的な姿勢を見せる

発明家、政治家、外交官だったベンジャミン・フランクリンの自叙伝には、彼がペンシルベニア州議会の議員として再選されることに反対した人物とのできごとが紹介されている。

フランクリンは再選を果たすうえで、「知力と財力を兼ね備え、やがて議会で絶大な影響力を行使する可能性のある紳士」がいずれ悩みの種になることを直感した。そこで彼は対立する相手を味方に変えることによって、その懸念が現実にならないように配慮したのだ。

フランクリンはこう書いている。

私はこびへつらって彼のご機嫌をとるのではなく、しばらく考えて別の方法を使うことにした。好奇心をそそる珍しい本が彼の自宅の蔵書にあることを聞きおよんだので、ぜひその本を読ませてほしいという趣旨の手紙を書き、もしよければそれを数日間貸してもらえないかと頼んだのだ。

すると、彼はすぐにその本を送ってくれた。私はそれを1週間ほどで返却したのだが、その際、丁重な礼状を添えた。その後、議会で顔を合わせると、彼はみずから私に話しかけてきて（そんなことはそれまで一度もなかった）、しかもうやうやしい態度をとった。さらに、「いつでも喜んでお役に立ちますよ」とまで言ってくれたのだ。それ以来、われわれは無二の親友になり、その友情は彼が死ぬ日までつづいた。

さらに、フランクリンはこの原理についてこう説明している。

これは、私が学んだ「ひとたびあなたに親切な行為をした人は、さらにもうひとつの親切な行為をあなたにしたがるものだ」という古い金言の一例にすぎない。つまり、敵対的な関係をひきずって恨みを晴らすために報復するよりも、思慮深い態度でそれを友好的な関係に転換するほうがはるかに有益であるということだ。

まったくそのとおりだ。**自分から相手に手を差し伸べて友好的な態度をとることで、よりよい関係を築くことができる。**たしかにそれはたいてい大きな効果があるが、フランクリンがとった方法はとくに画期的で、多大な恩恵をもたらす。

気配りとは、どんな言葉を使うかとは必ずしも関係がない。ときには、相手が自分の思いや気持ちを調整するのをうまく手助けするものでもある。

フランクリンが最後の文で指摘していることは、たいへん理にかなっている。つまり、敵を放置して反目しつづけるよりも味方に変えたほうがはるかに得策だということだ。

46

「自分は正しい」と断定せず、控えめに表現する

人を味方につけるために使う前置きの言葉の効用については、すでに説明したとおりだ。これに関連して、コミュニケーションをより円滑にし、より説得力のあるものにする方法がある。**自分はなんでも知っているという独善的な印象を与えることなく、相手の感情と意見を尊重した控えめなやり方だ。**

これもまた、フランクリンの自叙伝に書かれている教えである。

フランクリンは論理を駆使して相手をやりこめることができたが、それをすると相手が反感を抱くことにすぐに気づいた。理屈のうえでは相手を納得させられても、それではなかなか相手を動かすことができない。相手は侮辱されたように感じ、プライドが傷ついて負けを認めることができないから、意見を変えさせることはできないのだ。

フランクリンはこう書いている。

私は控えめに表現する習慣だけを維持して、徐々にこのやり方を改めた。そして、議論を引き起こしかねない表現を避けるようにした。たとえば「絶対にそうです」とか「間違いありません」といった断定的な言い方を避けたのだ。そして、「私はこういうふうに思うのですが」「こんなふうに感じます」「こういう理由でこうではないかと考えています」「そうではないかという気がします」「もし間違っていなければ、そういうことになるかと思われます」という婉曲的な言い方をするように心がけた。

自分の意見を人々に聞き入れてもらい、ずっと推し進めてきた方針を受け入れてもらううえで、私はこの習慣が大いに役立ったと確信している。

この偉大な外交官の教えを参考にして、謙虚さと気配りを心がけながら自分の考えを控えめに表現しようではないか。

自分の意見を言うときは断定的な言い方を避けなさい、というフランクリンのアドバイスには大賛成だ。じつを言うと、私はよくそういうことをしがちだった。しかし、断定的な言い方をするとき、私はたんに自分の意見を言っているにすぎないことを自覚するようになった。

自分の意見を最も説得力のある方法で伝えたいなら、フランクリンのアドバイスのとおり、「これは私の意見にすぎないのですが」という控えめな言い方で切り出すといいかもしれない。実際のところ、たいていそうなのだから。

47 相手の都合を見計らって話しかける

さまざまなテクニックを伝授してきたが、見落としがちな要素がひとつある。それはタイミングだ。

適切なことを適切な人に言うのは重要だが、適切なタイミングで言う必要があるのだ。悪いタイミングの例をいくつか紹介しよう。

・彼女は誰かと話している最中で、あなたが割って入ってくるのを望んでいない。
・彼は苦情処理を終えたばかりで険しい顔をしていて、他人の相談に乗る余裕はない。
・あなたは騒音が鳴り響いている部屋の中にいる。
・長い議論になりそうだが、今はそんな時間がない。

そこで、肝に銘じよう。**あとで話し合うことができるのなら、タイミングをずらせばいい**

い。どうしても話をしたいなら、相手の都合を聞いてから話を切り出そう。

そのうえで、本書で紹介したさまざまなテクニックを活用して、適切な人に適切なことを言えばいい。

重要な話し合いをするときは十分な時間をとる必要がある。私はそれを一歩進めて次の提案をしたい。

重要な話し合いをするときは、すべての出席者がそれに参加する時間と意思を持っている必要がある。

これはあたりまえのようだが、軽んじると痛い目にあうおそれがある。

上司に重要なことを言わなければならない状況について考えてみよう。

あなた「今、お時間はよろしいでしょうか。重要な話がございまして」

上司「まあ、時間はあるが、もうすぐ出かけなければならない。どんな話かな？」

あなた「それならかまいません。お時間のあるときにします」

上司「いや、今、話してくれ。何かあったのか？」

これで相手の注目を得ることに成功したのだから、話を切り出すことができる。しかし、あなたが話しているあいだ、相手はたびたび時計を見ている。相手の注目度はかなり低く、書類に目を通している。やがて相手はあなたの話題に生半可な返事をするようになり、「わかった、わかった」と言う。

しかし、相手はわかっていない。あなたは短縮した会話をするはめになったことを後悔し、期待していた結果が得られそうにないことを感じ取る。

家族会議であれ、愛する人との会話であれ、上司との重要な打ち合わせであれ、スタッフ会議であれ、見込み客との予約の設定であれ、相手に時間的な余裕があることを確認しよう。

会話や会議をはじめる前に、すべての出席者が同意した時間のあいだずっと話し合いに集中できることを確認しよう。

どうやって十分な時間を捻出してもらえばいいか。

1　要請する。家族や団体に対しては、「これから45分ほどのあいだ、この問題について話し合ってほしい。あせらずにじっくりと45分ほど話し合うことができますか？」と言えばいい。

相手が上司なら、「重要な問題を話し合う必要があります。45分ほど時間をとっていただけませんか。それくらいあれば十分だと思います」と言えばいい。

2　変化球に対応する。上司が「次の会議まで2、3分しかないけれど、今ここで言ってほしい。どんな問題でも力になれると思う」と言ったとしよう。

ここで、あなたは適切な言葉をうまく使う必要がある。

あなた「ありがとうございます。しかし、この件は15分ほどかかると思います。もう少しお時間のあるときにお話しさせていただきたいのですが」

上司「しかし、今ここで話をしたほうがいいと思う」

あなた「ありがとうございます。しかし、あいにく2、3分では難しいです。のちほど15分ほどお時間をいただけるようにお願いできませんか」

ここは我慢強くこらえて、相手を立てながらコミュニケーションをとろう。とはいえ、屈服する必要はない。

効果的な会話をするために十分な時間を確保する必要があるときは、この方法を使うといい。目的達成のための時間がしっかり確保できない状況で話し合いを持ったところで、望ましい結果は得られないだろう。

それが理解できれば、必要な時間を捻出してもらうために粘り強く、しかも気配りをしながら交渉するといい。

48

支払いの督促にも気配りを忘れない

誰かにお金を貸したのだが、相手が忘れているか返すのが遅れていると、頭を抱えることになる。たとえば、ルームメートが部屋代をなかなか払ってくれない、知人がお金を返してくれない、顧客が支払いを遅延している、などなど。

このような場合、相手を怒らせたり人間関係を壊したりせずに、お金をスムーズに払ってもらうにはどうすればいいだろうか。

たいていの場合、相手にそれを指摘するだけで十分だ。たとえば、「明日、あなたの分の部屋代を渡してくれるかしら。週末には大家さんに全額を支払う必要があるので、よろしく頼むわね」と言えば、問題はすんなり解決する。

しかし、お金の支払いがつねに滞っている場合はどうすればいいか。たとえば、代金をなかなか払ってくれない顧客からどうやって集金するかは、たいへん頭の痛い問題だ。

うっかり忘れている人や初めての人のことを言っているのではない。そういう場合は電話をして丁寧に指摘するだけですむから、とくに問題はない。

一方、支払わなければならないことを知っているのに、それをしようとしない人からお金を回収するにはどうすればいいか。「わかっているよ。しつこいな」と吐き捨てるように言われた経験があるかもしれない。

そんなとき、あなたの脳裏には次のような思いがよぎるに違いない。

1　商品を提供したのに、約束どおりお金を払ってもらえないのではないか。仕事をやり終えたのに、契約を守ってもらえずにタダ働きさせられたのではないか。
2　たとえお金を回収できても、それは必死で頼み込んだり脅したりした結果にすぎず、そのために人間関係を台無しにして今後の取引ができなくなるのではないか。

2番目の点については、「そういう人とは二度と取引をしてはいけない」と助言する人もいるだろう。たしかに、それができれば苦労はしない。しかし、その人と取引を継続しなければならないケースが多々あるのが現実だ。もし期日どおりに支払うように説得して、それを実現し、円満な取引を継続できれば、こんな素晴らしいことはない。

あなたは人を動かす達人として、それをやってのけたいと思わないだろうか。そのための効果的な方法を教えよう。

1　問題を伝える。メールでも手紙でもいい。どちらを選ぶかは、相手をどれだけよく知っているかによる。
2　気配りをする。相手の存在価値と誠実さを称賛する。
3　感謝の気持ちを示す。相手との取引をどれほど大切にしているか、料金以上のものを提供していることをわかってほしいという気持ちをうまく表現する。
4　要望を伝える。早急に代金を受け取ることが自分にとって大きな意味を持つことを知らせる。
5　相手の顔を立てる。「なんらかの問題があるなら、遠慮せずにそれを知らせてください」と付け加える。

カギを握るのは、過度な要求を突きつけないように気をつけると同時に弱腰な印象を与えないことだ。最初の要望を伝えた翌日に、電話でフォローして振込をしてくれたかどうかをたずねよう。「これからすぐにする予定です」という返事がもらえたら、効果があったとみなすことができる。

誠意が読み取れる文面のサンプルを紹介しよう。

○○様

いつもお取引いただきまして、誠にありがとうございます。

御社とお取引させていただいていることを心より感謝申し上げます。

ご承知のとおり、当社の目標はお客様に最高の経験を提供することです。代金以上の価値を提供していることを確信しております。しかし、もしなんらかの問題がございましたら、お知らせいただければ幸いです。

さて、最新のプロジェクトのお代金６７５ドルのお支払いが期日（２０１７年６月20日）を過ぎておりますので、早速、今日にでもお振込いただけると助かります。そうしていただければ、これからも御社に付加価値の高いサービスを提供しつづけることができます。

今後ともよろしくお願い申し上げます。

翌日、フォローの電話を入れよう。

しかし、もうその必要はないかもしれない。「これからすぐに振込みます」という謝罪のメールがすでに届いているかもしれないから。

49 怒らせた相手には誠意を込めて謝罪する

ときには仲たがいを修復する必要がある。たぶんそれは自分がうかつに引き起こしたものかもしれない。たいてい、誠意のこもった簡単な謝罪をすれば十分だが、場合によってはそれでは不十分で、相手は許そうとしない。じつに困った状況である。

女性のブログ読者がこんな質問をしてきた。

誠意をこめて謝罪しても、相手が許してくれません。怒りを静めず、メールも電話も無視します。いったい、どうしたらいいでしょうか。ご教示いただければ幸いです。せっかく芽生えた友情が壊れそうで、そんな事態はなんとしてでも避けたいと思っています。

私はこの質問者とその友人の状況をよく知っているわけではないので、画一的な対策を提示することにためらいを感じるが、彼女には次のような提案をした。

1　相手がまだ怒っていて、理性的に応じることができないことを理解する。
2　双方が信頼する人に頼んで仲裁してもらう。もし相手がその人を尊敬しているなら、その人の言うことに耳を傾けるかもしれない。
3　あらゆる手段（電話、メール、ボイスメール、対面）を通じて、相手の怒りが理解できること、そしてその気になれば、いつでも話し合う準備ができていることを伝える。
4　一部の人はずっと腹を立てたままでいたがる。もしそうなら、その状況から距離をおいて、相手が心を開いて近づいてくるまで待つほうがいいかもしれない。

繰り返すが、これはわずかな情報にもとづく意見である。しかし、参考になればと思う。**人を動かす達人ですら、ときには間違いを犯すことを心に留めておこう。もし自分が間違いを犯したと思うなら、言い訳をせずに謝罪すべきだ。**そして、それが受け入れられることを期待しよう。もし受け入れられないなら、私の提案を検討してみてほしい。

50 相手の気持ちを汲み取る

最近、血液検査のために新しい病院に行ったところ、興味深いやりとりを目撃した。

年配の女性が少し動揺しながら受付係に近づくと、受付係は「どうなさいましたか？」とたずねた。

すると、その女性は冷静さを保とうと努めつつ、はっきりとこう言ったのだ。

「再び検査を受けるために来たのよ。最初の検査結果が見当たらないという報告があったから。そんなミスのためにわざわざここまで車を運転して来なければならないなんて、信じられないわ」

受付係は丁寧に、しかし淡々と「では、この書類に記入してください」と言った。

すると、この女性は不満そうに苦笑いをしながら話をつづけた。

「こんなことが再び起これば、もうこの病院はごめんだわ。人の大切な検査結果を紛失するなんてありえないわよね」

受付係はまたしても丁寧に、しかし淡々と「ここにお掛けください。係りの者がもうすぐ参りますから」と言った。

年配の女性は椅子に腰掛けたが、それまでより明らかにイライラしていて、今にも怒りを爆発させそうだった。


なぜこの女性はイライラしていたのか。検査結果の紛失に対して怒っていたのだろうか。たぶんそうだが、イライラを募らせた直接の原因はそうではなかったように思う。この女性が怒りをこらえるのに必死だったのは、顧客、来客、患者との接し方が現場の担当者にしっかりと教えられていないことと深い関係がある。

説明しよう。この女性は受付係に自分の気持ちを汲み取ってほしかったのだ。「それはお気の毒でしたね。さぞお困りのことでしょう。スタッフ全員に周知徹底して再発の防止に努めます。たいへん申し訳ございません」と言ってほしかったのである。

つまり、共感を示してほしかったのだ。

もし看護師がその場に来てそう言ったなら、この女性は新しい病院のファンになって大勢の人に宣伝してくれただろう。

しかし、受付係の丁寧だが事務的で共感に欠ける返事が、この女性の気持ちを逆なでしたのである。

もちろん、検査結果の紛失は受付係の責任ではないが、それは問題の本質ではない。ここでは誰の責任かというのは関係ない。顧客や患者に組織の仕組みを理解してくれるように期待するのは完全に逆効果である。現場の担当者が相手の気持ちを汲み取るべきなのだ。

だからといって顧客や患者の言いなりになる必要はまったくないが、このようなできごとは簡単に処理できるのだから、それをしないのはせっかくの人材を生かしきれていない証拠である。

自分や組織の誰かがしたことに顧客が不平を漏らしたら、事実関係はさておき、相手の気持ちを汲み取る努力をしているかどうかを自分に問いかけよう。適切な処置をとることを確認し、相手を大切にする気持ちをきちんと伝えているだろうか。

人はみな自分が大切にされていると感じたがっている。人と接するときは、この事実を肝に銘じよう。

51 相手との共通点を見つけて、さりげなくアピールする

シドニー・ローゼンの名著『私の声はあなたとともに』（二瓶社）の冒頭に、「人を動かす魔術師」とまで言われた心理学者ミルトン・エリクソン博士の若き日のエピソードが紹介されている。これこそまさに、人を味方につける技術の真髄である。

エリクソンが大学の学費を稼ぐために本の行商をしていたときのことだ。ある日、年老いた無愛想な農夫に本を売ろうとした。ところが農夫は本に興味がなく、「余計なお世話だ」と言い放った。すると、エリクソンは地べたにあった木片を拾い上げて、農夫が飼育していた豚の背中をそれでかいた。農夫はその様子を見て急に態度を変え、エリクソンから本を数冊買うことにした。「豚の飼育の仕方を心得ているので感心した」からである。

このエピソードには２つの教訓を見て取ることができる。

１つ目は、相手が「ノー」と言ったら、無理に説得しようとしないことが最善の策だということだ。とにかく愛想よく振る舞おう。

これは好感度と信頼性を高めるやり方だ。相手はプレッシャーを感じずにリラックスし、あなたを好きになり、信頼を寄せるようになる。

２つ目もまた信頼性を高めることと関係している。それは「共通性の原理」である。簡単に言うと、**人々は自分と共通点を持っている人を直感的に信頼する傾向があるということだ。**

若きエリクソンは本を売りに来たのだが、おそらくスーツとネクタイを着用していて、いかにも営業マンという雰囲気だったため、農夫は違和感を覚えた。たぶん「都会からやって来たきざなヤツだ」と心の中で思ったに違いない。しかし、実際にはエリクソンは田舎育ちだった。

当初、農夫はエリクソンを相手にしなかったが、この若者はその場にあった木片を拾い上げて豚の背中をかいた。これは農家の人しか知らない習慣だった。この単純な行為によってエリクソンは農夫とのつながりをつくり、たちまち信頼を得たのである。急に農夫はこの若者から本を買いたくなった。人間が論理的な理由よりも感情的な理由で買う傾向があるという証しだ。

このように、共通点を見つけることによって、相手とのつながりをつくることは簡単にできるのである。

たしかに、あるレベルでは正反対の者同士が引きつけられる。なぜなら、自分と違っているものは興味深いからだ。しかし、好感度と信頼性を高めるためには、相手との共通点を強調すべきである。

だからもし相手が「ノー」と言ったら、議論をしてはいけない。相手との共通点を見つけて、それをさりげなくアピールすればいいのだ。

52 不機嫌な相手には、気分をやわらげるような態度でアプローチする

切符売り場に近づいたとき、窓口係はたいへん険しい表情を浮かべていた。私はいやな予感がしたが、すぐにいくつかのことを変更してもらう必要があった。とはいえ、相手は見るからに気難しそうな人だった。私はその場でうまく振る舞い、かぎられた時間の中で目的を達成しなければならないと思った。

まず、さわやかな笑顔で彼に近づいた。それだけでたいてい効果があるが、そのときはなんの効果もなかった。思わず、「なんだ、その無愛想な態度は！」と言いたくなったが、そんなことをしたら相手を敵に回してしまうことは明らかだ。

そこで私はその逆をしようと思った。丁寧に切り出して相手の態度をやわらげることにしたのだ。

「ご面倒をおかけしてすみませんが、ちょっと困っているので助けていただけませんか」

私がそう言っただけで、彼は急に協力的になった。この人にしてみると、自分の気持ちを察してくれる人が欲しかったのだ。だから、私が発したひと言で彼は態度を一変させたのである。

相手が不機嫌そうにしているのを見ると自分もそれに対抗したくなるものだが、それではお互いに気分が悪くなるだけだ。だからそうならないように気をつけて、相手の気分を少しよくしてあげるだけで、簡単に目的を達成することができるのである。

ただし、丁寧にお願いするというのは謝罪するという意味ではなく、相手の気分を察してあげるという意味である。

気難しそうな相手と出会ったら、丁寧にお願いするとすぐに状況を打開するのに役立つだろう。

次のようなメールを受け取ると、私はとても気分がよくなる。このブログ読者は私の提案に従って状況を打開した経験を知らせてくれた。

ボブへ。先日、私たち夫婦は旅先のホテルで困った事態に直面しました。じつは、キングベッドの部屋をかなり前から予約していたのですが、到着するとダブルベッドの部屋に案内されたのです。

フロントデスクに戻ると、「あいにくキングベッドの部屋は空いていません」とにべもなく言われました。私は怒りを爆発させそうになりましたが、深呼吸をして気持ちを落ち着かせながら、「対立関係ではなく協力関係を築きなさい」というあなたのアドバイスを思い出しました。

そこで私はやり方を変え、緊張を解いて、フロントデスクの男性がおかれている立場に共感を示しました。前の週にハリケーンがこの地域を襲ったばかりで、現場が混乱していたのです。

すると、私たちはキングベッドの部屋をあてがってもらっただけでなく、快適な時間を過ごせるように至れり尽くせりのサービスをしてもらえました。

次の宿泊時（もうすぐ行く予定です）には、またこの友好的な男性にいろいろとお世話になるつもりです。

ほんの少しやり方を変えるだけで、こんなに大きな成果が上がるとは、本当に驚くばかりです。

これはたんに満足のいく結果を得るだけではなく、お互いが得をする関係を築くのにたいへん役立つと確信しています。

こんな素晴らしい知恵を授けていただいたことに対して、私はボブに心からお礼を言いたいと思います。

この素晴らしい知らせを共有してくれたことに対して、私もこのブログ読者に心からお礼を言いたい。

53
相手に配慮しながら交渉する

ミズーリ州に住むマーガレットという女性からの手紙には、本書で紹介しているさまざまな原理を学んで実践した感動的な体験談がつづられていた。


ボブへ。数日前に起きたできごとについてお礼を言いたくてペンをとりました。

私は出張を控えていて、朝食付きのホテルでの宿泊を希望していました。そこで、メールでホテルに連絡をし、具体的な日取りと金額（1泊90ドル）を伝えました。

すると、支配人から返信が来て、「その日取りなら部屋はお取りできますが、1泊95ドルになります」とのことです。私はそのホテルに泊まりたかったので、支配人の気持ちを配慮しつつ、料金を下げてもらうために次のようなメールを送りました。

「ご返信、ありがとうございます。インターネットで拝見したところ、とても素敵なホテルのようで、どの宿泊客もサービスの質に満足していることと推察します。

しかし残念なことに、当社の予算は90ドルで、ホテルの1泊の宿泊料金は95ドルとなっています。たしかに1泊95ドルの価値はあると思いますが、当社の予算を勝手に変えることはできません。

もし近日中に宿泊料金を変更することがございましたら、ご連絡いただければ幸いです。

私の問い合わせに対して迅速な返答をしていただき、たいへんありがとうございました」

すると、翌日、支配人から次のようなメールが届きました。

「90ドルに値下げすることにしました。直接お電話していただければ、お部屋のご予約を承ります。たいへんありがとうございます」

私はこれこそお互いが得をするパターンだと思います。

彼女の対応はじつに鮮やかである。たった5ドルの値下げではないかと思わないでほしい。彼女がしたことはあらゆる状況に応用できるのだ。しかも、もっと大きな経済効果をもたらす可能性がある。振り返ってみよう。

1　前向きな姿勢で臨む。彼女は支配人の気持ちを傷つけずに円滑に取引したいと思っていた。そして、双方が得をする取引をしたいという願いをしっかり伝えた。

2　感謝の気持ちからはじめる。2度目のメールの中で、彼女は議論せずに支配人に感謝することからはじめた。これによって、支配人は強引な値引き交渉を強要されるのではないかと身構える必要がなくなった。

3　たたえる。彼女はホテルをほめちぎった。このホテルは支配人にとって大きな誇りだったので、彼女のほめ言葉は絶大なインパクトがあった。こんな素晴らしい感性の持ち主に宿泊してほしくないと思う人がいるだろうか。

4　客観性を強調する。予算オーバーであることを伝えたとき、彼女はそれが自分の決定ではないことを支配人に明言した。

5　相手の意思を尊重する。これはうまかった。彼女は「もし料金の変更があれば伝えてください」と丁寧に言った。最後通告をして支配人を追い込むことを避けたのである。そうすることによって、無理やり料金を下げさせられたと支配人が感じないように配慮したのだ。

人格を磨く

エピローグ

54

人を励まして自信を与える

私の知るかぎり、父のマイク・バーグは人を動かす最高の達人である。幼いころの記憶でも、父は周囲の人の気分をよくさせるのが上手で、人々に自信を与えていた。仕事でもプライベートでもそうだった。引退してから久しいが、それは今でも変わらない。

これまで何年間も人間関係の本を読んで研究してきたが、人を味方につける技術については父から最もたくさん学んだように思う。

次のいくつかの文章は私が数年前に書いたもので、毎年、父の日になると感謝の気持ちをこめてブログで公開している。

私たちは人をたたえる力とこき下ろす力を持っていて、どちらでも選択することができる。私が最もお手本にしているのは父である。人々を励まして自信を与える稀有な才能をつねに発揮してきたからだ。私は少しでもそれを見習おうと努力してきたが、いまだに父のレベルに達することができない（父は「そんなことはないよ」と言ってくれるが）。

父はすべての人の長所を見つけるだけでなく、それを言葉で表現するのがとてもうまい。相手に直接言うだけでなく、他の人にそれを言って人をたたえる力を活用している。多くの人が陰で悪口を言うのに対し、父はいつでも他人のいいことしか言わない。相手の落ち度を指摘するときは、気配りを欠かさず、親切な気持ちでそれをする。

多くの人は相手の悪いところを見て人々を離散させるが、父はいつも相手のいいところを見て人々を団結させる。

世の亭主族が妻の悪口を周囲の人に言っているのを聞いたことがないだろうか。それが男らしい行為だと勘違いしているのだろう。もちろん、彼らはそれを冗談めかして言っているのだが、けっしてよいことではない。とくに子どもの前では厳に慎むべきだ。

私が子どものころ、父が母のことを誇らしげに語っていたのを今でもはっきりと覚えている。同様に、母もまた父のことを誇らしげに語っていた。

父は貧困から身を起こして事業を成功させた。父は人前に出て、母は裏方に徹していたが、父は陰の実力者の存在をいつも周囲の人に知らせていた。

父は母と結婚して56年になるが、いまだに手をつなぎ、愛し合い、最高の親友同士である。これについては疑問の余地がない。

最後のいくつかの文章はたんなるのろけ話ではなく、それ以上の意味を持っている。父が多くの人の人生に大きな影響を与えてきた理由を象徴しているように思うのだ。

55 自分の弱みを無視せず、克服する

一部の自己啓発本は、自分の弱みを無視して強みにのみ意識を向けるべきだと説いている。たしかに強みに意識を向けることは重要だが、弱みを無視することは成功を勝ち取るうえでたいへん大きなマイナスになる。

強みとは、仕事と人間関係で生かす才能や長所のことであり、人を動かす原動力になる。だから強みを意識する必要がある。**しかし、弱みを無視することは人生を台無しにするおそれがある。**

あなたの弱みはなんだろうか。

物事を先延ばしすること？　もしそうなら、人生で大損をすることになりかねない。

人との付き合いで我慢が足りない？　もしそうなら、人を動かそうとしてもなかなかうまくいかないだろう。

かんしゃくを起こすクセがある？　もしそうなら、人間関係を損ない、あまり大きな成

功を収めることはできないだろう。

以上のように、先延ばし、忍耐力の欠如、かんしゃくは、多くの人に共通する3つの大きな弱みである。

私たちが持っている弱みをパターン別に分類すると次のようになる。

1　あまり重大ではない弱み。たとえば、私は長距離走が得意ではない。しかし、マラソン大会に出場する予定はないので、その弱みは無視してもかまわない。

2　少し改善する必要のある弱み。私はジャンクフードが好きだが、健康にはあまりよくないので、つねに自己管理をしている。もちろん、ジャンクフードを完全にやめて健康オタクになることもできるが、そこまでしようとは思わない。私はバランスのとれた食生活を心がけている。

3　早急に改善する必要のある重大な弱み。私は他人のうわさ話をすることがよくあった。しかし、人々との信頼関係に支障をきたすおそれがあるので、他人についてネガティブなことを言うのを一切やめることにした。

もし私が3つ目の弱みを克服しなかったら、人生の多くの分野で成功を収めることができなかったと思う。

私のもうひとつの弱みは怒りっぽいことだった。だからそれを克服するために一生懸命に努力した。そして、それを克服したことで私の人生は大きく好転し、人々の信頼を勝ち取ることができた。

フランクリンはそれをよく理解して独自の「人格向上計画」を考案し、自叙伝の中で紹介している。それが彼の人生でどのくらい役立ったかは明らかである。

結論。ぜひ強みに意識を向けよう。それがあなたの成功に最も貢献する分野になる。しかしその一方で、弱みを無視してはいけない。少なくとも重大な弱みは放置しておくと致命傷になりかねない。

56

自分より有能な人を集めて強いチームをつくる

リーダーシップの権威ダン・ロックウェルはこう言っている。

「もしあなたがチームの誰よりも有能なら、弱いチームしかつくれない」

真のリーダーは自分よりも有能な人たちを受け入れるだけでなく、そういう人だけを探し求める。彼らは特定の分野で自分より有能な人たちを集めてチームをつくる。

一方、地位にしがみつくタイプのリーダーは、自分の地位から自尊心を得る傾向がある。その結果、自分の地位を脅かす人間が現れたと感じると、意識的かどうかは別として、その地位を守ろうとする。しかし、こういう姿勢は保身であり、人を動かす力を損なうおそれがある。

真のリーダーはチームのメンバーを称賛し、組織に価値を提供してくれた功績を認める。さらに、その人たちに花を持たせる方法を積極的に探し求める。

私が見たところ、組織の文化はいつもトップではじまり、それが全体に広がっていく。だからもし経営陣が保身に走り、自己防衛に専念するなら、そういう雰囲気が組織全体に蔓延する。その逆も真実である。

高い人格と能力を併せ持ち、さらに自信にあふれているリーダーだけが、なんらかの点で自分よりすぐれたメンバーを求める。その結果、そういうリーダーはたいへん強いチームをつくり上げることができる。

57 一貫性を持ってつねに最善を尽くす

私たちが暮らしているこの不条理な世の中は、善良だが一貫性のない人々であふれている。だからこそ、ビジネスの世界では一貫性が不確実性を取り除いて信頼をはぐくむのだ。そして、その信頼は影響力につながる。つまり、一貫性は人を動かす原動力になるのである。

来る日も来る日も一貫性を持って価値のあることをしつづける人は、信頼の「預け入れ」を積み重ねて、やがて莫大な「利息」を受け取ることができる。

言い訳をせずに約束をしっかり果たす人は、多くの顧客の信頼を勝ち取り、口コミでよい評判を広めてもらうことができる。

私の座右の銘を紹介しよう。

ハーブ・エッカーは『億万長者になれる人』（三笠書房）の中でこう言っている。

あなたが何かをどのようにするかは、あなたがあらゆることをどのようにするかを映し出している。

じつは、これこそが人を動かす達人になるための最も重要な原理のひとつなのだ。

私が心から尊敬する教育者のブッカー・ワシントンは、奴隷から身を起こして職業訓練校を設立し、黒人の地位向上に尽力した偉大な人物である。そして、やがて大統領からも定期的に意見を求められるようになった。

彼は、最初の雇い主であるラフナー夫人が自分の人生を変えたと言っている。夫人は「床を掃除するときは、一点の汚れもないようにいつも完璧に仕事をする必要がある」と教えた。この指導によって、一人の若者が人々の想像を超える偉業を成し遂げ、大勢の人の人生を変えるきっかけになったのである。

アラバマ州タスキーギでの有名な講演で、彼はこの貴重な成功法則を聴衆に向かって力説した。あらゆることにいつも最善を尽くすことの重要性があらゆる場所で教えられたらどうなるか想像してほしい。

58

自分の間違いを認める

人を動かす達人ですら間違いを犯す。もちろん、彼らにしても間違いを犯すのはいやである。私の知るかぎり、間違いを犯すのが好きな人はいない。間違いを犯すのは誰にとっても不愉快なものだ。

しかし、間違いを犯したことを認め、それに対して責任を持ち、最善を尽くして間違いを正すことができれば、人間的に成長する大きな一歩となり、人を動かす力を強化することができる。

すべては、間違いを犯したことを認めるところからはじまる。多くの人はそれができないし、しようとすらしない。だが、人を動かす達人はそれができる。

自分が間違っていたことを認めることができるのは、成熟の証しであるだけでなく、素晴らしい人格の持ち主であることの証しでもある。

おわりに
自分のやり方を絶えず修正しよう

成功者は心を開いて多方面からのフィードバックを参考にし、自分の間違いについて聞くだけでなく、自分で自分にフィードバックをする方法を見つけるのが得意だ。

これは、成功者が原理原則に従うという事実と矛盾しているだろうか。まったくそんなことはない。原理原則に従うことと自分の誤りを認めることは相反しないからだ。自分のやり方を修正しつつ、原理原則に従うことは十分に可能である。

言い換えると、原理原則にはしっかり従うが、やり方を柔軟に修正するということだ。

家族や友人、同僚といった周囲の人は、あなたが過ちを犯したときにフィードバックをしてくれる貴重な存在だ。**人を動かす達人になりたいなら、周囲の人が気軽にフィードバックできるように配慮すべきである。** 私自身、自分の間違いを周囲の人が遠慮せずに指摘できるように配慮している。

とはいっても、周囲の人に頼ってばかりはいられない。思慮深い批判にはつねに耳を傾けるべきだが、それはめったに得られないからだ。

では、どうすればいいいか。

自分で自分を修正するのだ。

「自分を客観視することは難しい」と言う人もいるだろう。たしかに、そのとおりだ。しかし、自分のやり方を修正する習慣を身につけることは、自分をよりよく理解し、間違いを犯したときに素早く気づくのに役立つ。そして、それをするとき、あなたは状況を是正する処置をとるか、少なくともそれが再発しないように万全を期すことができる。

たとえば、誰かを傷つけるようなことを言ったら、相手の表情に怒りや悲しみを見て取ることができるだろう。**相手を敵に回してしまったことに気づいたら、あなたは立ち止まって自分の言動を振り返り、できるだけ早く謝罪すべきである。**それが簡単だとはかぎらない。自分が腹を立てていたりストレスを抱えていたりする場合はなおさらだ。しかし、それを実行すればするほど、うまくできるようになる。

「この難しい状況にどう対処したか？」と自分に問いかける習慣を確立しよう。自分の主張をうまく伝えつつ、配慮をし、共感を示し、親切な気持ちで相手を心地よくさせることができただろうか。あるいは、しくじっただろうか。

それを研究し分析しよう。できるだけ正直に、できるだけ感情をまじえずにすることが秘訣である。たしかに難しいかもしれないが、やってみる価値は十分にある。

自分の間違いから学び、それを繰り返さない決意をしよう。私がその典型だが、教訓を学ぶまでは同じ間違いを繰り返してしまう可能性がきわめて高い。しかし、それもまた人間であることの宿命である。

最後に、もうひと言。

自分が失敗したことに気づくだけでなく、自分が成功したことにも意識を向けよう。きっとたくさんの成功体験があるはずだ。それに喜びを見いだし、心から祝福しよう。

ボブ・バーグ

こういう時に人は動く
影響力5つの原理

発行日　2017年9月15日　第1刷

Author　ボブ・バーグ

Translator　弓場隆
Book Designer　櫻井浩（⑥Design）

Publication　株式会社ディスカヴァー・トゥエンティワン
〒102-0093 東京都千代田区平河町2-16-1 平河町森タワー11F
TEL 03-3237-8321（代表）
FAX 03-3237-8323
http://www.d21.co.jp

Publisher　干場弓子
Editor　藤田浩芳

Marketing Group Staff　小田孝文　井筒浩　千葉潤子　飯田智樹　佐藤昌幸　谷口奈緒美
古矢薫　蛯原昇　安永智洋　鍋田匠伴　榊原僚　佐竹祐哉
廣内悠理　梅本翔太　田中姫菜　橋本莉奈　川島理　庄司知世
谷中卓　小田木もも

Productive Group Staff　千葉正幸　原典宏　林秀樹　三谷祐一　大山聡子　大竹朝子
堀部直人　林拓馬　塔下太朗　松石悠　木下智尋　渡辺基志

E-Business Group Staff　松原史与志　中澤泰宏　中村郁子　伊東佑真　牧野類

Global & Public Relations Group Staff　郭迪　田中亜紀　杉田彰子　倉田華　鄧佩妍　李瑋玲

Operations & Accounting Group Staff　山中麻吏　吉澤道子　小関勝則　西川なつか　奥田千晶
池田望　福永友紀

Assistant Staff　俵敬子　町田加奈子　丸山香織　小林里美　井澤徳子　藤井多穂子
藤井かおり　葛目美枝子　伊藤香　常徳すみ　鈴木洋子　内山典子
石橋佐知子　伊藤由美　押切芽生　小川弘代　越野志絵良

DTP　株式会社RUHIA
Printing　三省堂印刷株式会社

ISBN978-4-7993-2169-0